T0068206

DIOS NOS HABLA A TRAVÉS DE SU PALABRA

DIOS NOS HABLA A TRAVÉS DE SU PALABRA

Promesas Divinas y Estudios Bíblicos para Iglesias y uso Individual.
Una guía para bendecir tu vida con una perspectiva bíblica

Esteban Castillo de la Rosa. PhD

Copyright © 2020 por Esteban Castillo de la Rosa. PhD.

Número de Control de la Biblioteca del Congreso de EE. UU.: 2020912695

ISBN:	Tapa Dura	978-1-5065-3334-6
	Tapa Blanda	978-1-5065-3336-0
	Libro Electrónico	978-1-5065-3335-3

Todos los derechos reservados. Ninguna parte de este libro puede ser reproducida o transmitida de cualquier forma o por cualquier medio, electrónico o mecánico, incluyendo fotocopia, grabación, o por cualquier sistema de almacenamiento y recuperación, sin permiso escrito del propietario del copyright.

Las opiniones expresadas en este trabajo son exclusivas del autor y no reflejan necesariamente las opiniones del editor. La editorial se exime de cualquier responsabilidad derivada de las mismas.

El texto Bíblico ha sido tomado de la versión Reina Valera Contemporánea (RVC) Copyright © 2009, 2011 por Sociedades Bíblicas Unidas. Utilizado con permiso. Reina-Valera 1960™ es una marca registrada de la American Bible Society, y puede ser utilizada solamente bajo licencia.

Información de la imprenta disponible en la última página.

Fecha de revisión: 20/07/2020

Para realizar pedidos de este libro, contacte con:
Palibrio
1663 Liberty Drive
Suite 200
Bloomington, IN 47403
Gratis desde EE. UU. al 877.407.5847
Gratis desde México al 01.800.288.2243
Gratis desde España al 900.866.949
Desde otro país al +1.812.671.9757
Fax: 01.812.355.1576
ventas@palibrio.com
813104

ÍNDICE

PREFACIO

La Biblia está llena de hermosas promesas que Dios ha dejado para su pueblo. El Señor Dios Todopoderoso siempre ha querido bendecir a sus hijos, y lo ha hecho a través de su Palabra, por la razón de que ésta es el medio que usa el Eterno para declararnos sus divinos planes y bendecir a todos sus hijos e hijas con abundancia hasta que sobreabunde.

A lo largo de toda la historia los siervos de Dios han recibido muchas bendiciones que Dios les ha dado, y hoy, él sigue extendiendo sus bendiciones a los que creen y confían en su divina promesa y tienen plena seguridad en el poder infinito del Eterno.

Así pues, a través de toda la Sagrada Escritura él manifiesta su deseo de que vivamos felices y tengamos una vida en armonía con su voluntad y una relación perfecta con él. A esta vida bajo su señorío es lo que se conoce como vida plena. Se puede asegurar que nadie puede tener una vida en abundancia si no confía en las promesas del Dios Todopoderoso de manera plena y con total seguridad.

El presente libro recopila una cantidad significativa de las promesas que se encuentran en la Biblia, y la presenta de manera explicada y sencilla al lector, para que este pueda entender fácilmente el mensaje que Dios quiere compartirle, especialmente cuando hay crisis de cualquier naturaleza o cuando estemos enfrentando una situación donde necesitemos de un mensaje de esperanza de parte del Creador.

Recordemos que Dios bendijo a Abraham y le dijo que en él serían benditas todas las familias de la tierra. También Dios bendijo a Abraham dándole un hijo cuando Abraham ya era viejo y su esposa Sara iba a cumplir los cien años. Sara se rió de esa promesa porque ya era muy vieja, pero cuando se cumplió el tiempo de la promesa, Sara dio a luz a su hijo Isaac, que significa risa en hebreo, por haberse reído de Dios, pero la promesa que le fue hecha a Sara se cumplió tal como el Eterno Dios le había dicho, porque el Señor nunca miente.

Muchas personas hoy en día ponen su esperanza en el dinero, otras la ponen en el trabajo, algunas confían en la familia y hasta en los amigos, pero no creen en las promesas del Altísimo, algo que no debería ser así, porque nuestra esperanza debe estar en Dios primeramente. Todos sabemos que el dinero es muy necesario, pero el dinero solo sirve para comprar cosas terrenales. Dios, en cambio, nos da todas las demás cosas que no se pueden comprar con el dinero. Estas pueden ser: amor, sabiduría, salud, felicidad, gozo, paz y salvación, entre otras. Es importante que tengas en cuenta que cuando Dios te das una promesa tú no debes reírte como Sara, porque las promesas que él nos da deben ser creídas y nunca debemos desconfiar de su veracidad ni tampoco de su cumplimiento. Dios no es hombre para que mienta, ni hijo de hombre para que desconfiemos de su Palabra.

Acompáñame por favor a dar un recorrido por la Biblia para que descubramos juntos cuan satisfactorio es experimentar todas las bendiciones que allí encontramos y que Dios nos las ha dejado como promesas. Deja a un lado la vida mundana y atrévete a vivir en obediencia a la palabra de Dios para que te des cuenta la magnitud de la satisfacción que se siente cuando experimentamos las bendiciones del Creador. Después que te dé cuenta de la diferencia entre los dos tipos de vida, (la mundana y la espiritual), es muy probable que te decidas a optar por la espiritual, la que te llena de la gracia y el poder sobrenatural y le da un sentido real y satisfactorio a tu vida, permitiéndote que vivas una experiencia extraordinaria y de gran calidad en todo el sentido de la palabra.

Te invito a que te atrevas a acompañarme, para que juntos disfrutemos de una vida a plenitud y de inimaginables bendiciones. Yo más que nadie estoy convencido de que en toda la tierra no hay una alternativa que satisfaga al ser humano más que la palabra del bendito y soberano Dios del cielo.

Es importantísimo que reflexionemos en la situación como está nuestra sociedad hoy en día. La gente no tiene compasión por su prójimo y ha perdido el amor por los demás. Eso es lo que hace que cada día vayamos de mal en peor, porque si nos olvidamos de Dios el caos nos arropa y nos domina, y se crea así una sociedad hostil, pues Jesús dice en su bendita palabra: "porque separados de mí nada podéis hacer". Juan 15.5. Esto es necesario que quede bien claro: Si nos apartamos de Dios, nuestra vida se arruina automáticamente, porque él es la fuente de nuestra felicidad así como lo es también de nuestra armonía y de la comunión que tenemos con nuestros semejantes. Deseo desde lo más profundo de mi corazón que el Creador del universo, el Eterno Dios, bendiga tu hogar y tu vida, bendiga también a toda tu familia y a todos los tuyos.

Espero y deseo que este libro te ayude a encontrar a Dios si todavía no lo tiene morando en tu corazón, y si ya eres parte de la familia de los redimidos por su gracia, es mi deseo que este libro de las bellas promesas de Dios se convierta en un manantial de riqueza espiritual que traspase todas las dimensiones de tu vida y la de tus seres queridos, en el precioso nombre de Jesús nuestro amado Señor y Salvador.

Para un mejor manejo del contenido de este libro hemos agrupado las promesas de Dios en bloques temáticos, de manera que le sea más cómodo al lector ubicarse en el tipo de promesa que represente mejor su situación o la que desee encontrar. Cabe destacar que cada promesa de la palabra de Dios está sustentada con su versículo bíblico que le sirve de fuente, soporte o referencia. Las situaciones más comunes de la vida y los problemas cotidianos encontrarán en este manual una solución sabia y dinámica inspirada por el Eterno para ayudarlo a usted a manejarlos y resolverlos de la manera más adecuada.

Es por esa razón que debes leer este libro, porque te será una ayuda indispensable en la solución de tus problemas y también enriquecerá y alimentará tu vida espiritual de un modo sorprendente y te pondrá en comunicación directa con nuestro Padre celestial.

Este es un libro enfocado en las promesas de Dios, y contiene también una serie de estudios bíblicos de temas diferentes, integrados. Sabemos que las personas que ejercen fe en el Todopoderoso creen en sus promesas y para nadie es un secreto que estas nos ayudan en el fortalecimiento de nuestra vida espiritual. Todos los profetas del Antiguo Testamento y los apóstoles del Nuevo Testamento tenían plena confianza en las promesas de Dios y poseían una seguridad incuestionable. Sus vidas fueron de gran bendición y crecimiento espiritual porque no dejaron lugar a la duda y siempre esperaban que las promesas que Dios les decía se cumplieran en ellos, y así ocurría siempre. De igual manera como ellos confiaron en Dios con una fe firme e inconmovible, nosotros también debemos confiar y hacer nuestra las promesas del Altísimo, que todavía en nuestros días se cumplen al pie de la letra. En estos tiempos postreros es recomendable que nos aferremos fielmente a lo que nos promete el Todopoderoso y confiemos que lo que él nos dice se cumplirá. Una persona que confía en el cumplimiento de las promesas del Señor, es una persona que prospera espiritualmente y se conduce a la verdad y al propósito del Creador.

INTRODUCCIÓN

El Eterno Dios ha creado un mundo completo y lleno de bendiciones para nosotros. Casi todos los seres humanos soñamos con tener un espacio donde haya felicidad abundante. Las personas deseamos un ambiente de seguridad, donde haya amor y alegría, y donde reine la justicia y la equidad, donde las familias estén seguras y permanezca la equidad y el respeto. La mayor parte de las personas desechan el estilo de vida agitado y la convivencia social en desigualdad. A muchos de nosotros nos gusta vivir un estilo de vida donde haya respeto, seguridad, armonía, salubridad, educación y abundancia de bienes. Lamentablemente la sociedad en que vivimos es todo lo contrario. La imagen del mundo que nos rodea está pintada de angustia, desesperanza e inseguridad. Millones de personas experimentan el viacrucis del dolor, el terror, la violencia, la amenaza, el hambre y la maldad en su máxima expresión. Dicho de una manera más directa, podemos asegurar de que nuestra sociedad se enfrenta al pánico, la ansiedad y la histeria, el entorno social donde nos desenvolvemos no es el más adecuado, y esto crea un alto nivel de incertidumbre y descontento en toda la tierra. Parece que el solo hecho de vivir se ha convertido en un desafío sin precedentes. Nos llegan amenazas de pandemias y guerra biológica que muchos se lo atribuyen a un plan macabro de la élite y a otros sectores de poder, algunos lo relacionan con un cumplimiento del Apocalipsis. Sea cual fuere la causa, lo cierto es que en la Biblia se habla de todo este estado de desastres (Ver Mateo 24: 6 – 8). La falta de amor entre la gente presagia la presencia de los tiempos finales. Considero que en un ambiente saturado de maldad no se puede vivir a plenitud. Si no dejamos que Dios sea el centro de nuestra vida, y si él no va al frente de nosotros, sentiremos un gran vacío el cual sólo Dios puede llenarlo. Para que nuestros problemas sean resueltos y pueda haber felicidad verdadera y duradera en nuestra vida, y el Señor nos envíe tiempos de refrigerio y esperanza, necesitamos a Dios dirigiendo todos los pasos de nuestra vida.

Ciertamente el gobierno de Dios en el mundo está haciendo mucha falta. Hay una ausencia de la presencia divina a escala planetaria que es la principal causa del desastre que vivimos. Todo esto se debe realmente a que el mundo le ha dado la espalda al Creador, al que nos hizo, y hemos falsificado muchas de las cosas que él ha establecido. Nos estamos creyendo demasiado sabios y autosuficientes, pensamos que con la tecnología y la ciencia podemos pasarle por encima al Todopoderoso, o que con nuestro avance lo podemos todo, sin necesidad de depender de nadie, porque si el hombre se entrega al desenfreno, (el sexo, la orgía, la avaricia, el poder y el menosprecio a los demás, el caos es seguro y el panorama es lamentable). Estamos cometiendo demasiados errores, hasta que llega la tormenta y nos damos cuenta de que necesitamos de la ayuda de Dios. Hemos dejado atrás los valores espirituales y morales, la honestidad, la relación íntima con Dios, el respeto hacia los demás, la práctica de amar a nuestro prójimo, y ser un poco más educados. Todo eso ha quedado atrás y se ha construido otro mundo muy diferente del que Dios hizo. Muchas personas cometen una falta al creerse autosuficiente y pensar que pueden dejar a un lado al Creador y actuar por su propia fuerza. Jesús debe ser quien nos dirija en todo, y aunque se nos haga difícil creerlo, no todo se ha perdido; queda todavía una esperanza. Esa esperanza se fundamenta en que Dios nos ama, y nos aprecia tanto que quiere ayudarnos a respirar aire puro, de vida permanente, pues su amor por nosotros sobrepasa todo entendimiento. Sin duda, Dios quiere guiarnos en cada paso de las acciones que realizamos y él siempre está listo para ayudarnos a tomar las mejores decisiones.

Este libro tiene como principal objetivo ayudar a la gente a tener un verdadero encuentro con Dios, presentando evidencias bíblicas de lo que el Señor nos dice a través de su palabra. Es una guía de ayuda, dirigida a estudiar la palabra inspirada para darle vida a nuestra fe en este tiempo de tanta confusión y falsa información. Compartimos en sus páginas las bendiciones de la Palabra de Dios que fortalecen nuestra fe, nos enseñan sobre su amor, alimentan nuestra esperanza, nos hablan de su salvación y nos conducen a la vida eterna. Hemos seleccionado versículos bíblicos preciosos que ayudan nuestra vida espiritual y nuestra comunión con el Todopoderoso.

Ha medida que incursionamos en la lectura y el estudio de la Biblia, vamos descubriendo que a través del conocimiento de su Palabra entendemos mejor sus promesas y nos dirigimos por el camino de la vida eterna, porque al adquirir conocimiento de la santa Palabra, al mismo tiempo estamos también adquiriendo un acercamiento a la vida eterna. El conocimiento de la Palabra del Señor suma santidad a nuestro ser y es como una cuenta de ahorro que mientras más dinero le entramos, más riquezas acumulamos. Así es el conocimiento, mientras más lo buscamos, más nos llenamos y mayor beneficio obtenemos. Puesto que esto es tan valioso, les presentamos este libro, el cual se enfoca de manera específica en el estudio de las promesas contenidas en la Biblia, las cuales nos ayudan mucho e incrementan nuestra confianza y fortaleza espiritual, y colocan nuestra vida bajo el abrigo de Dios. Este libro también contiene una serie de estudios bíblicos importantes para profundizar en el conocimiento de la Palabra de Dios y edificar a la iglesia.

En la Biblia se describe a Dios como nuestro Padre amoroso y perdonador. Él nos ha creado y nos ha dado vida, y esa vida está en las manos de su Hijo Jesús y bajo su cuidado. Nuestro Padre Celestial nos cuida y nos alimenta. Él vela por cada uno de sus hijos y está haciendo un llamado de amor a cada persona para que se arrepienta y tenga vida eterna, aceptando a su Hijo Jesucristo como su Señor y Salvador. Esperamos que este libro le ayude a usted a tener un verdadero encuentro con su Padre amado que siempre le perdona, y cuyo amor hacia nosotros es eterno. **"Mirad cuán amor nos ha dado el Padre, para que seamos llamados hijos de Dios…" 1ra. de Juan 3:1.**

Diagrama de contenido.

A continuación hallarás un diagrama que contiene los temas de este libro en el orden en que se encuentran, para una mayor facilidad en la búsqueda del tema que se desea estudiar.

El presente diagrama muestra los bloques de contenidos que desarrollaremos en este libro.

PRIMERA PARTE

Promesas del Eterno Dios

1. Definición de la palabra promesa.

Podemos definir la palabra promesa, para una mejor comprensión, diciendo que es un compromiso que una persona asume con otra al darle su palabra de que cumplirá una acción concreta. Algunos entienden que una promesa es un gesto de amor hacia una persona a la que valoras o amas de verdad, por lo que le das tu palabra. Una promesa es un acto que surge de lo más profundo del corazón, y esta emana de la libertad personal de quien libremente se compromete a hacer algo en concreto por otra persona.

Así que, ya que sabes lo que es una promesa es importante que notes las siguientes peculiaridades de estas:

- Están basadas en el poder de la palabra que alguien dice.
- Tiene la fuerza de carácter de un contrato. Solo le hace falta la firma.
- Fortalece relaciones entre personas.
- Una promesa es un acto de madurez
- Una promesa crea confianza.

Basándonos en todas estas características que acompañan a una promesa, tenemos razones suficientes para creer que las promesas de Dios son confiables, y más aún cuando se trata de lo que promete el creador del universo, quien nunca miente. A través de sus promesas se nos ofrece vida eterna, el perdón de nuestros pecados, ser redimidos del fuego del infierno, encontrar paz con Dios, vivir una vida de esperanza, entre otras bendiciones.

1.1 Una ojeada a las promesas bíblicas.

Les invito a ustedes, mis queridos lectores, a que busquen en la Biblia una lista de versículos donde Dios nos presenta una amplia gama de algunas de sus promesas, las cuales se han cumplido fielmente, tal y como Dios lo ha declarado en su palabra.

A manera de ilustración de cómo lo que Dios promete se cumple, queremos tomar el ejemplo de lo que Dios le dijo a Abraham, y cómo se cumplieron esas promesas. Tomando como punto de referencia el libro de Génesis, examinaremos algunos de los primeros versículos del capítulo 12 y también el capítulo 15 de dicho libro. En los versículos 2 y 3 del capítulo doce del Génesis encontramos varias promesas que Dios le hace a Abraham: estas son las promesas hechas por el Señor al patriarca:

- Haré de ti una gran nación
- Te bendeciré
- Engrandeceré tu nombre
- Serás una bendición
- Bendeciré a los que te bendigan
- Maldeciré a los que te maldigan
- Por medio de ti serán benditas todas las familias de la tierra.

Aparecen en orden sucesivo siete promesas, de las que es notable la fe de Abraham. Pero es importante notar la manera cómo Abraham obedeció a Dios. El mandato del Altísimo a él fue que se fuera de su tierra a una que Dios le mostraría. Abraham obedeció y se fue con toda su familia. Pasamos al capítulo 15 del mencionado libro y leemos en algunos de sus versículos que Dios se le aparece nuevamente y le da unas palabras reconfortantes, en las que le hace las siguientes promesas:

- Yo soy tu escudo (v.1)
- Tu recompensa será muy grande (v.1)

- No te heredará un siervo tuyo sino un hijo tuyo. (v.4.) (Abraham aún no tenía hijos cuando Dios le dijo estas palabras).
- Tu descendencia será como las estrellas del cielo. (v.5)
- Tus descendientes serán peregrinos en tierra ajena (v.13)
- Serán esclavos y oprimidos durante cuatrocientos años (v.13)
- Yo castigaré a la nación a quien servirán (v.14)
- Después saldrán con grande riqueza (v.14)
- Tú serás sepultado con tus padres en paz y en buena vejez (v.15)

Es asombroso cuando vemos que todas esas promesas se cumplieron al pie de la letra. Cuando Dios dice algo lo cumple siempre. Él nunca falla en el cumplimiento de su palabra. De igual modo, al estudiar este libro nuestra vida se fortalecerá exitosamente, dado que todavía en nuestros días, las palabras que Dios nos promete se cumplen de la misma manera que como se cumplieron aquellas que le hizo a Abraham. Que el Señor Todopoderoso nos bendiga con abundancia de paz y vida eterna al estudiar las hermosas promesas que nos ha dejado en su palabra para edificarnos.

Les dejamos aquí los siguientes versículos bíblicos, para sus lecturas personales y estudio de la palabra del Señor. Esperamos en el Señor Dios Todopoderoso que usted tenga una vida devocional fructífera y de mucha dedicación a Dios, para que pueda experimentar el mayor crecimiento espiritual que jamás haya alcanzado. Le exhortamos a llevar una vida cristiana de calidad como lo sugiere la santa Palabra del Eterno Dios, nuestro Padre celestial.

Versículos Bíblicos que contienen promesas de Dios.

Genesis 9.11	2 corintios 7.1
Genesis 9.13	Gálatas 3.22
Éxodo 20.12	1 tesalonicenses 5.24
Deuteronomio 7.9	1 Timoteo 4.8
Josué 23.14	Hebreos 8.6
Isaías 40.29	Hebreos 9.15

Isaías 40.31	Hebreos 10.23
Isaías 41.10	1 Pedro 5.10
Isaías 43.2	2 Pedro 1.4
Jeremías 7.5-7	2 Pedro 3.9
Jeremías 29.11	1 Juan 3.2,3
Mateo 7.7	Apocalipsis 3.5
Juan 3.16	Apocalipsis 3.20
Juan 11.25, 26	Salmo 23.1

"Estableceré mi pacto con vosotros, y no exterminaré ya más toda carne con aguas de diluvio, ni habrá más diluvio para destruir la tierra." **Gn. 9.11**

Esta fue la promesa que el eterno Dios de Israel le hizo a Noé su siervo, cuando terminó el diluvio, al ver que todo lo que tenía vida había muerto, excepto Noé y su familia. Es impresionante ver cómo las promesas de Dios tienen un cumplimiento asombroso. Esto nos indica que podemos descansar bajo el abrigo de las promesas de Dios. Después del diluvio universal la humanidad ha sido testigo de cuan fiel es el testimonio y la palabra del Todopoderoso, pues nunca más se ha registrado otro diluvio que amenace la vida de los seres vivos. Es tan seria y trascendental la promesa que Dios hizo a Noé, que dejó una señal para ser recordada. Esa es la señal del pacto hecho con Noé: El arco iris.

"Mi arco he puesto en las nubes, el cual será por señal del pacto entre mí y la tierra." **Gn. 9.13**

Existe, además, una relación de respeto de los hijos hacia los padres. El cuarto mandamiento de Dios hace una bella promesa a los hijos que honran a sus padres. Hoy, es muy común ver que el respeto hacia los padres se ha perdido, y ya la autoridad paterna se ve hasta cierto punto vulnerada, por muchas razones: por hijos irrespetuosos que no honran a sus padres, así como también por estereotipos y patrones de conductas o normas legales que les quitan a los padres parte de la autoridad que deben tener frente a sus hijos. El mandamiento bíblico es contundente y premia a los hijos que lo obedezcan al honrar a sus padres. La recompensa es que a esos hijos que amen, cuiden y respeten a sus progenitores y tutores, Dios le dará larga vida aquí en la tierra y eso lo hará quitando de su vida las plagas y las maldiciones que puedan alcanzarlo y destruirlos.

"Honra a tu padre y a tu madre, para que tus días se alarguen en la tierra que Jehová tu Dios te da." **Ex. 20.12**

A continuación hay una hermosa promesa que Dios le hizo al pueblo de Israel. El contexto de ese pasaje nos muestra una importante declaración del Eterno a su pueblo escogido, donde podemos ver claramente que Dios hace énfasis en la fidelidad que él tiene cuando hace una promesa, para cumplirla. Vemos en Deuteronomio 7:7-8 una impactante declaratoria del Señor a su pueblo, la cual podemos parafrasearla así: Yo no los he querido y escogido a ustedes porque sean el país más numeroso de todos, al contrario, ustedes eran los más insignificantes. Yo los he escogido porque los amé y quise guardar el juramento que le hice a sus padres. Así pues, el Señor les dice lo siguiente:

"Conoce, pues, que Jehová tu Dios es Dios, Dios fiel, que guarda el pacto y la misericordia a los que le aman y guardan sus mandamientos, hasta mil generaciones." **Deut. 7.9**

El pasaje bíblico que sigue a continuación nos pondrá a pensar acerca de cuan fiel es Dios a sus promesas. ¡Qué reconfortable es para nosotros confiar plenamente en nuestro padre celestial! Ni siquiera una sola palabra suya ha quedado sin cumplirse. Ese es el Dios grande y bondadoso en el cual debemos confiar todos los días de nuestra vida.

"Y he aquí que yo estoy para entrar hoy por el camino de toda la tierra; reconoced, pues, con todo vuestro corazón y con toda vuestra alma, que no ha faltado una palabra de todas las buenas palabras que Jehová vuestro Dios había dicho de vosotros; todas os han acontecido, no ha faltado ninguna de ellas." **Josué 23.14**

A veces nos sentimos sin ánimo, como si nuestra vida desfallece y le falta el aliento. Nuestra mejor ayuda es Dios. Así lo profetizó Isaías. Cuando ponemos todo nuestro ser en las manos de Dios recobramos fuerza y se nos va el cansancio. Él es quien sustenta nuestra vida y nos da fortaleza. Su palabra bendita dice lo siguiente:

"Él da esfuerzo al cansado, y multiplica las fuerzas al que no tiene ningunas." **Is.40.29**

Y continúa diciendo el profeta Isaías con unas palabras alentadoras lo que leemos a continuación:

"Pero los que esperan a Jehová tendrán nuevas fuerzas; levantarán alas como las águilas; correrán, y no se cansarán; caminarán, y no se fatigarán." **Is.40.31**

Es importante señalar que en determinadas situaciones de la vida el temor suele agobiarnos y a veces perdemos el control de nuestras emociones y nos sentimos desequilibrados, pero no debemos dejar que el miedo se convierta en una cobardía de nuestra parte, o que caigamos en una depresión. Es muy bello darnos cuenta de que no estamos solos en nuestros problemas y tribulaciones. Mira lo que Dios nos dice como un padre amoroso y tierno:

"No temas, porque yo estoy contigo; no desmayes, porque yo soy tu Dios que te esfuerzo; siempre te ayudaré, siempre te sustentaré con la diestra de mi justicia." **Is.41.10**

"Cuando pases por las aguas, yo estaré contigo; y si por los ríos, no te anegarán. Cuando pases por el fuego, no te quemarás, ni la llama arderá en ti." **Is.43.2**

Las promesas que hemos oído anteriormente son muy alentadoras. Vale la pena confiar en Dios y tenerlo en nuestra vida como el centro de nuestra existencia. También es muy valioso que le obedezcamos en todo y aprendamos a depender de él, poniendo nuestra vida en orden y practicando la justicia con todos nuestros semejantes. Así dice el Señor:

"Pero si mejorareis cumplidamente vuestros caminos y vuestras obras; si con verdad hiciereis justicia entre el hombre y su prójimo, y no oprimiereis al extranjero, al huérfano y a la viuda, ni en este lugar derramareis la sangre inocente, ni anduviereis en pos de dioses ajenos para mal vuestro, os haré morar en este lugar, en la tierra que di a vuestros padres para siempre." **Jer. 7.5-7**

"Porque yo sé los pensamientos que tengo acerca de vosotros, dice Jehová, pensamientos de paz, y no de mal, para daros el fin que esperáis." **Jer.29.11**

Podemos dar un grito de júbilo al escuchar todas las bendiciones que el Eterno Dios de Israel ha apartado para nosotros, las personas que honramos su nombre al obedecer su palabra. Él abre una ventana de bendición a favor de nosotros cuando le pedimos algo, y eso lo hace porque al obedecerlo estamos haciendo lo que a él le agrada y nos ha declarado hacer en su palabra. La Biblia dice:

"Pedid, y se os dará; buscad, y hallaréis; llamad, y se os abrirá." **Mat.7.7**

Dios tiene un amor tan inmensurable para nosotros que se despojó de su único hijo, para darlo como precio por la salvación de la humanidad. Por eso, uno de los versos más conocidos de la Biblia es el que se encuentra en Jn.3.16 donde dice algo muy maravilloso para expresar la razón fundamental por la que Jesús tuvo que morir en un madero por nosotros los seres humanos, que somos la obra más valiosa de su creación. Esto es lo que dice Dios de nuestro rescate:

"Porque de tal manera amó Dios al mundo, que ha dado a su Hijo unigénito, para que todo aquel que en él cree, no se pierda, sino tenga vida eterna." **Jn.3,16**

Jesús ha hecho una declaración extraordinaria. Esta declaratoria le hace merecedor de la confianza de toda la humanidad, hasta tal punto que sólo él está facultado para ser el Salvador y Redentor incuestionable de todos los seres humanos. Sus palabras aquí expresadas están llenas de esperanza, amor e iluminación. No hay que temer.

"Le dijo Jesús: Yo soy la resurrección y la vida; el que cree en mí, aunque esté muerto, vivirá. Y todo aquel que vive y cree en mí, no morirá eternamente. ¿Crees esto?" **Jn.11.25,26**

El apóstol Pablo nos exhorta a vivir una vida agradable a los ojos de nuestro creador, donde podamos limpiarnos de todo tipo de pecado tanto carnal como espiritual, porque realmente estas promesas valen la pena conservarlas y no perderlas.

"Así que, amados, puesto que tenemos tales promesas, limpiémonos de toda contaminación de carne y de espíritu, perfeccionando la santidad en el temor de Dios." **2 corintios 7.1**

"Mas la Escritura lo encerró todo bajo pecado, para que la promesa que es por la fe en Jesucristo fuese dada a los creyentes." **Gal. 3.22**

El que nos ha llamado es Cristo, y él es fiel a su palabra. Así que, no perdamos la confianza ni la fe en Jesús, el Hijo del Dios viviente.

"Fiel es el que os llama, el cual también lo hará." **1Ts. 5.24**

En el versículo que veremos más adelante se nos enseña que en la vida de los cristianos la piedad tiene mucha importancia, porque y esta sobrepasa a los beneficios del ejercicio corporal el cual es provechoso para mantener el buen funcionamiento del cuerpo físico, pero nos dice que la piedad trasciende más allá de lo físico, yendo de esta vida hasta la venidera.

"Porque el ejercicio corporal para poco es provechoso, pero la piedad para todo aprovecha, pues tiene promesa de esta vida presente, y de la venidera." **1Tim. 4.8**

El autor del libro a los hebreos nos enseña también que Jesús es el mediador del hombre ante Dios. A través de su muerte hizo posible la remisión de nuestros pecados para que podamos recibir la promesa de la vida eterna. Solo gracia a su sacrificio salvífico tenemos paz para con Dios.

"Así que, por eso es mediador de un nuevo pacto, para que interviniendo muerte para la remisión de las transgresiones que había bajo el primer pacto, los llamados reciban la promesa de la herencia eterna." **He. 9.15**

Los seguidores de Jesús no tenemos por qué vacilar con relación a nuestra salvación, dado que Cristo nos ha prometido que cumplirá su promesa. Eso es lo que dice su palabra y sabemos que su palabra no miente, porque el Espíritu Santo nos revela toda la verdad de la gracia divina.

"Mantengamos firmes, sin fluctuar, la profesión de nuestra esperanza, porque fiel es el que prometió." **He. 10.23**

El pueblo de Dios ha recibido un llamado especial a participar de su gloria, la cual tenemos acceso a ella a través de su Hijo Jesucristo, el cual es quien nos perfecciona y afirma para hacernos merecedores de su divina gracia.

"Mas el Dios de toda gracia, que nos llamó a su gloria eterna en Jesucristo, después que hayáis padecido un poco de tiempo, él mismo os perfeccione, afirme, fortalezca y establezca." **1Pe. 5.10**

El objetivo de las promesas de Dios es hacernos participantes de su naturaleza divina. Así lo expresa el apóstol Pedro en esta declaración que presentamos a continuación:

"Como todas las cosas que pertenecen a la vida y a la piedad nos han sido dadas por su divino poder, mediante el conocimiento de aquel que nos llamó por su gloria y excelencia, por medio de las cuales nos ha dado preciosas y grandísimas promesas, para que por ellas llegaseis a ser participantes de la naturaleza divina, habiendo huido de la corrupción que hay en el mundo a causa de la concupiscencia." **2. Pe. 1.3,4**

Algunas personas piensan que la promesa de la segunda venida de Jesús se ha retrasado mucho, porque tenemos mucho tiempo anunciando su regreso y todavía no ha venido, pero la Escritura nos enseña que él no retarda su promesa, sino que su paciencia con nosotros es muy grande y nos está dando tiempo para que todos se arrepientan y ninguno perezca.

"El Señor no retarda su promesa, según algunos la tienen por tardanza, sino que es paciente para con nosotros, no queriendo que ninguno perezca, sino que todos procedan al arrepentimiento." **2 Pe. 3.9**

La esperanza en Dios nos mantiene firmes en sus promesas. Su palabra nos dice que nosotros somos hijos de Dios y que cuando Jesús venga seremos parecidos a él, porque podremos ver su rostro. Así que el apóstol Juan nos da fortaleza cuando nos dice que debemos purificarnos hasta que seamos como él.

"Amados, ahora somos hijos de Dios, y aún no se ha manifestado lo que hemos de ser; pero sabemos que cuando él se manifieste, seremos semejantes a él, porque le veremos tal como él es. Y todo aquel que tiene esta esperanza en él, se purifica a sí mismo, así como él es puro." **1 Jn. 3.2,3**

En el libro del Apocalipsis Juan tuvo una revelación donde Jesús le mostró todas las cosas que iban a acontecer, y el Señor Jesús le habla y nos presenta unas promesas extraordinarias, de lo que acontecerá con todos aquellos que hayamos sido vencedores y hayamos ganado la batalla y permanecido fieles y puros hasta el final de nuestra vida.

"El que venciere será vestido de vestiduras blancas; y no borraré su nombre del libro de la vida, y confesaré su nombre delante de mi Padre, y delante de sus ángeles."

Ap. 3.5

"He aquí, yo estoy a la puerta y llamo; si alguno oye mi voz y abre la puerta, entraré a él, y cenaré con él, y él conmigo." **Ap. 3.20**

Después de haber escuchado las hermosísimas promesas que Dios tiene para nosotros, les exhortamos a serle fiel a Jesús, nuestro Señor y Salvador, el cual no miente a sus promesas y nos ha prometido que está preparando moradas para nosotros en los lugares celestiales, para que donde él está nosotros también estemos.

En la visión que Dios le mostró al apóstol Juan cuando éste escribía el libro de las revelaciones, Dios le mostró la ciudad de la nueva Jerusalén y Juan describió cosas que ojos humanos nunca han visto y oyó cosas que ningún oído humano ha oído. Esas sorpresas están todas esperando que Dios las cumpla en nosotros, si le somos fieles y obedecemos su palabra. Por esta causa queremos presentarle estas palabras a nuestros amados lectores para que conozcan que estas promesas existen y que cada uno de nosotros puede salir beneficiado de ellas, si le hacemos caso a la palabra de Dios y lo escuchamos a él atentamente. Ninguno de nosotros debe perderse las bendiciones que están ya listas para los hijos obedientes de nuestro Padre eterno.

SEGUNDA PARTE

La fe

2.1 ¿Qué es la fe?

La fe debe ocupar el primer lugar en nuestra vida.

La fe no es una creencia ciega y desatinada en cualquier cosa. La fe tampoco es fanatismo religioso. La fe es un don maravilloso de nuestro Padre celestial. En el capítulo 11 del libro a los hebreos, en el versículo 1, la Biblia define de una forma sencilla y clara la esencia de la fe. Ahí se nos dice lo siguiente:

"Es, pues, la fe la certeza de lo que se espera, la convicción de lo que no se ve."

La Biblia dice que sin fe es imposible agradar a Dios. A partir de esa declaración podemos hacer una evaluación de cuán importante es la fe en la vida nuestra.

En el libro a los hebreos, capítulo 11, versículo 6, se nos dice lo siguiente: "Pero sin fe es imposible agradar a Dios; porque es necesario que el que se acerca a Dios crea que le hay, y que es galardonador de los que le buscan."

De acuerdo con lo que establece este versículo de la Escritura, nadie puede salvarse sin la fe. De ahí parte la importancia de conocer cuan imprescindible es la fe para tener un encuentro con el creador del universo.

Existen muchas personas que niegan la existencia de Dios porque, según ellos, no se puede probar científicamente que Dios existe. A estas personas que se autodenominan agnósticas o ateas, se les olvida que a Dios uno lo conoce a través de la fe, dado que solo aquello que se enmarca en las ciencias experimentales puede ser probado científicamente. Estos que se denominan asimismo "ateos" desconocen que la mayor parte de las cosas que existen no se pueden probar, pero eso no significa que algo no existe solo por el hecho de que no se ve, porque el mundo se compone de aquellas cosas que tienen una presencia física y de las que tienen una presencia espiritual. Es decir, que algo puede ser concreto o abstracto, y lo concreto se puede ver y palpar, pero no es así con lo que es abstracto. Por ejemplo, no hay forma de demostrar que el pensamiento existe. Nunca nadie ha visto un pensamiento, ni siquiera un neurocirujano que haya pasado toda su vida haciendo cirugías del cerebro ha visto jamás un pensamiento, pero todos decimos y aceptamos que los pensamientos existen. Tampoco nunca nadie ha visto con sus ojos al planeta Júpiter, sin embargo todos creemos que existe. Debemos utilizar el pensamiento racional y objetivo en nuestra forma de pensar. No entiendo por qué alguien puede negar la existencia de Dios por el hecho de que nunca lo haya visto, mientras esa misma persona cree que Cristóbal Colón descubrió a América, si ninguno de nosotros ha visto nunca a Cristóbal Colón. ¿Entonces, Por qué hay personas que dudan de la existencia de Dios? Esto ocurre porque ellos carecen de fe, y se exponen al peligro de perder la vida eterna que se encuentra en Jesucristo únicamente.

Nuestra fe como hijos de Dios debe ser inconmovible. Debe ser también sólida y fundamentada sobre la base de la Escritura, debe ser una fe fuerte, porque vivimos en un mundo en total conflicto con el Creador y con sus hijos que creemos en su palabra.

Si tu fe no causa un impacto en el mundo, eso indica que algo anda mal. El mundo entero debe quedar con la boca abierta en señal de asombro, ante la magnitud de tu fe. No debemos sorprendernos de ninguna de las cosas que ocurren a nuestro alrededor, sin embargo, todos en el mundo deben sorprenderse de cuan grande y genuina es nuestra fe.

La fe nos invita a ver a Dios en medio de una sociedad donde pocos lo ven. esta fe también nos invita a ver a Dios en un mundo donde parece que el mal ha ganado la batalla. La fe nos invita a ver a Dios en medio de los problemas y las dificultades. Y también la fe nos invita a ver a Dios en medio de un mundo donde se acabaron los valores morales y donde mora y gobierna el caos. En medio de todo este panorama sombrío y de turbulencia, es hora de que pongamos nuestra mirada en el Dios soberano y que dirijamos nuestra fe solamente hacia él. Ya no tenemos tiempo para discutir necedades con los incrédulos. Es hora de predicarles el plan de salvación e invitarlos a que ellos tomen la bendición de Dios expresada en su palabra. El Evangelio de Jesucristo no es una lástima; es un privilegio que no debemos perder. Pero pese a todas estas situaciones por las que pasa nuestra sociedad actual, pienso que debemos ser insistente en el llamado que se le debe extender a todos los seres humanos para que busquen de Dios y hagan arrepentimiento, como la única manera de escapar de la condenación eterna. Dios nos ha mandado a predicar el evangelio de la gracia y de la salvación a toda la gente, y este debe ser nuestro compromiso, para que nadie quede fuera de esta salvación tan grande que Dios le ha regalado a toda la humanidad.

2.2 Lo que la Sagrada Escritura nos dice acerca de la fe.

La idea que nos quiere transmitir la palabra de Dios sobre el don de la fe es que el grado de fe que los seguidores de Jesús tenemos es muy poco. Esa es la causa por la que no ocurren las cosas que queremos. En ocasiones creemos que somos personas de mucha fe, pero cuando tenemos que pasar el examen generalmente lo reprobamos. Al "quemarnos" cuando llega el momento de la prueba y tenemos que demostrar la fe que tenemos, el resultado es devastador y deprimente. Los discípulos de Jesús le preguntaron que cual fue la causa por la que no pudieron echarle fuera un demonio a un muchacho que estaba endemoniado, y la respuesta del Señor fue contundente: **"vuestra poca fe".**

"Jesús les dijo: Por vuestra poca fe; porque de cierto os digo, que si tuviereis fe como un grano de mostaza, diréis a este monte: Pásate de aquí allá, y se pasará; y nada os será imposible." Mt. 17.20

Cuando el Señor dice **todo,** es todo.

"Y todo lo que pidiereis en oración, creyendo, lo recibiréis." Mt.21.22

Entonces, aprendamos que cuando le pedimos a Dios que nos conceda un favor y oramos por ese favor o esa petición, y no vemos la respuesta de él, nuestra fe no cumplió con la medida que debía tener. Quizá es que no sabemos pedir o que no pedimos conforme a su voluntad. No siempre que oramos y no recibimos lo que pedimos es porque nos falta fe. Queremos que quede bien claro este punto. La Biblia dice que cuando pedimos algo y no lo recibimos, esto puede ser por pedir de forma incorrecta o simplemente por no saber pedir. Yo recuerdo escuchar en una ocasión a alguien pedirle a Dios por un enfermo y esa persona decía: "Ahora mismo señor, te pedimos que haga el milagro ahora mismo". Pareciera como si le estuviera dando una orden a Dios y le estuviera exigiendo de forma imperativa. ¿Por qué no decirle mejor: Señor, te suplicamos que si es tu voluntad extienda tu mano sobre este enfermo y le sane? De igual modo si pedimos para gastar en nuestros deleites y provecho personal, es probable que este tipo de oración no reciba una respuesta de parte de Dios.

Cuando tenemos una fe genuina y sincera pareciera como si esto tocara el corazón de Dios y se dignara en concedernos aquello que le pedimos. Dios quiere que limpiemos primero nuestra vida antes de ir a suplicarle o pedirle algún favor. La petición de Dios a nosotros es la de que vayamos y nos pongamos en paz con nuestro prójimo si tenemos algo que arreglar, y entonces, después que hayamos arreglado lo que estaba mal, vayamos donde el Señor a suplicarle por su ayuda.

"Y Jesús le dijo: Vete, tu fe te ha salvado. Y en seguida recobró la vista, y seguía a Jesús en el camino." Mr. 10.52

Cuando oramos de una forma correcta o adecuada, la respuesta de Dios no se hace esperar. Su intervención la podemos ver de inmediato. Observemos el versículo siguiente para que veamos lo que dice:

"Por tanto, os digo que todo lo que pidiereis orando, creed que lo recibiréis, y os vendrá." Mr. 11.24

Ciertas personas parecen actores de películas, oran para que los demás lo vean o para atraer la atención del público, o para vender una falsa imagen de que son personas de mucha oración o así por el estilo. No tratemos de persuadir a Dios con una imagen de que somos demasiado santos, porque Dios conoce nuestra hipocresía y penetra todo nuestro interior. No podemos nunca engañar a Dios. El Señor se la sabe todas. Es mejor que vayamos a él con un corazón contrito y humillado y con humildad de espíritu, pues Dios rechaza la altanería de los seres humanos que no son sinceros.

El ser humano regenerado debe entender que cuando creemos en Jesús y lo aceptamos como nuestro Señor y Salvador debemos creerle a él como el Redentor de nuestra vida y ser bautizados. Cuando hacemos eso, ya somos salvos. Los que no creen en Jesucristo como el enviado por Dios para rescatarnos del pecado, serán condenados. Así lo declara la palabra inspirada del Todopoderoso.

"El que creyere y fuere bautizado, será salvo; pero el que no creyere, será condenado." Mr. 16.16

Al creer en el Hijo único de Dios, cuando hacemos una declaración verbal para que por medio de lo que confesamos el entre a nuestro corazón, en ese mismo momento pasamos de viejos a nuevos, de seres carnales a seres espirituales. La fe que ejercemos en Jesús es única y suficiente para lograr nuestra redención. Así es la fe, ella es la única que trae salvación a nuestra vida, y esto lo declara la palabra de Dios en el versículo que veremos a continuación:

"Porque de tal manera amó Dios al mundo, que ha dado a su Hijo unigénito, para que todo aquel que en él cree, no se pierda, sino tenga vida eterna." Jn.3.16

Hay personas que buscan a Dios por caminos equivocados. Hoy en día hay cientos de religiones o quizás miles, y cada una dice que tiene la verdad. Esto se debe a la manera como interpretamos a Dios, y se dice que cada persona es única e irrepetible, pero la realidad es que Dios no debe ser interpretado de manera individual. Es cierto que nuestra salvación es individual, pero el destino final de nosotros no depende de lo que cada persona en particular piense sino que la Biblia debe interpretarse igual por todos, es decir, debemos llegar a un acuerdo de aceptar que la palabra de Dios tiene el mismo mensaje para todo el mundo. Si Dios dice que la salvación viene por medio de Jesucristo, todo el mundo debería entender esto y no querer buscar la salvación en otro maestro. Es posible que Buda, Mahoma o Confucio hayan enseñado grandes verdades, pero no han declarado nunca que están facultados para salvar a ningún ser humano, porque la salvación está únicamente en Jesús, el Maestro de Galilea. Cuando se habla de salvación se debe pensar sin vacilar en Jesús y punto. Hagamos que esto se parezca a cuando estamos enfermos. Nadie que está enfermo piensa ir donde el abogado o donde el pintor de cuadros, no. La gente ha entendido en sentido global que en caso de enfermedad es donde el médico que uno acude. No importa del país que tú seas, si te enfermaste, el sentido común te dice: ve al médico. Así es de sencillo. Entonces, recuerdas, en materia de salvación debes pensar en Jesús.

"Le dijo Jesús: Yo soy la resurrección y la vida; el que cree en mí, aunque esté muerto, vivirá. Y todo aquel que vive y cree en mí, no morirá eternamente. ¿Crees esto?" Jn. 11.25,26

A menudo me encuentro con personas que son incrédulas, algunas de ellas se autodenominan ateos. Ellos dicen no creer en que Dios existe. Siempre piden pruebas de su existencia. Estas personas no han entendido que Dios es como el amor. Nadie puede ver el amor y tocarlo y palparlo y verle la cara, y saber si su cara esta joven o arrugada, si el amor es negro o blanco, sin embargo nadie duda de que el amor en realidad existe. Así es Dios. Tú me pide pruebas y yo te enseño los océanos, el sol, la luna, las estrellas, el aire, las aves, los peces y nosotros los seres humanos. Todas esas son pruebas de la existencia de Dios.

"Jesús le dijo: Porque me ha visto, Tomás, creíste; bienaventurados los que no vieron, y creyeron." Jn. 20.29

Los apóstoles predicaron solo a Jesucristo, a las personas que no estaban salvadas. Nosotros hoy en día debemos hacer lo mismo. Entendemos que las personas hoy más que nunca necesitan del amor incomparable del Hijo de Dios, para que su ansiedad sea sanada y sean liberados de toda confusión y de todo designio del enemigo de las almas. Algo clama en el universo diciendo que Jesús es la respuesta para nuestro vacío existencial y el estado de pavor e incertidumbre en el que viven millones de personas.

"Ellos dijeron: Cree en el Señor Jesucristo, y serás salvo, tú y tu casa." Hch. 16.31

Los verdaderos hijos de Dios andamos y nos movemos en fe y vivimos por la fe, porque sin la fe el destino final de la humanidad cae dentro de la más densa oscuridad, pero cuando tenemos fe, se enciende una luz en medio del túnel.

"Porque por fe andamos, no por vista." 2 Co. 5.7

La fe es tan importante en la vida de los hijos de Dios, que se hace imprescindible. Nadie que haya nacido de agua y de Espíritu puede moverse sin la fe. Esta debe ser siempre nuestro combustible espiritual.

"Porque en el evangelio la justicia de Dios se revela por fe y para fe, como está escrito: Mas el justo por la fe vivirá." Ro. 1.17

Tenemos una confianza firme cuando la fe ocupa un lugar en nuestro corazón. Dios ha prometido que no será avergonzado ninguno de los que creemos en Jesucristo como Señor de nuestra vida.

"Pues la Escritura dice: Todo aquel que en él creyere, no será avergonzado." Ro.10.11

Ya Cristo nos ha conferido el privilegio y el derecho legítimo de ser hijos de Dios, desde el momento en que nos bautizamos quedamos revestidos de la gracias, el amor y la bendición de Jesús el Cristo.

"Pues todos sois hijos de Dios por la fe en Cristo Jesús, porque todos los que habéis sido bautizados en Cristo, de Cristo estáis revestidos." Gal. 3.26,27

Después que el Señor nos ha declarado sus hijos, esperamos una bendición más, que es la de ser resucitados por Dios para formar parte del pueblo eterno del Señor Jesucristo y reinar con él en su reino en la tierra, en la nueva Jerusalén

"Porque si creemos que Jesús murió y resucitó, así también traerá Dios con Jesús a los que durmieron en él." 1Tes. 4.14

Si tenemos tal bendición en Cristo, la dicha de ser salvos siendo así una nueva criatura, y también la bienaventuranza de la resurrección, debemos en esta tierra luchar por arrebatar lo que es nuestro, porque así lo ha prometido nuestro Padre Celestial. Las Sagradas Escrituras nos animan a ser optimista y no dejarnos quitar tan grande bendición de tener vida eterna y estar junto a nuestro amado Salvador, aquel que dio su vida por nosotros y nos ha rescatado de la condenación del pecado.

"Pelea la buena batalla de la fe, echa mano de la vida eterna, a la cual asimismo fuiste llamado, habiendo hecho la buena profesión delante de muchos testigos." 1Tim. 6.12

"Es, pues, la fe la certeza de lo que se espera, la convicción de lo que no se ve." He.11.1

Cada día debemos agradecer al Padre Soberano por darnos entendimiento, por haber puesto en nosotros una disposición abierta para recibir sus promesas y creerle con fe. Gracias que nuestro Padre celestial nos ha escogido desde antes de la fundación del mundo dice su palabra, para ser pueblo santo, linaje escogido, real sacerdotes de aquel que nos llamó de las tinieblas a su luz admirable.

"Pero sin fe es imposible agradar a Dios; porque es necesario que el que se acerca a Dios crea que le hay, y que es galardonador de los que le buscan." He. 11.6

El ejemplo que la Biblia nos muestra de Sara nos hace entender que para Dios no hay nada imposible. Nuestra mirada debe estar enfocada en una fe que no tiene límite para convertirse en milagro. Sara tenía dos obstáculos que la hacían imposible de que tuviera hijos, y esos obstáculos eran que ya era anciana, y que era estéril. Pero ella le creyó a Dios y vemos como el milagro ocurrió. Así ocurre cuando nuestra fe es firme y confiamos a plenitud en Dios.

"Por la fe también la misma Sara, siendo estéril, recibió fuerza para concebir; y dio a luz aun fuera del tiempo de la edad, porque creyó que era fiel quien lo había prometido." He. 11.11

Debemos tener plena seguridad cada vez que le pidamos algo a Dios. Su palabra nos recomienda que no seamos como las olas del mar, que se mueven de un lado a otro cuando son empujadas por el viento. Nosotros debemos confiar plenamente en Dios, sin dejarle lugar a la duda. Es ahí cuando la fe obra como debe de obrar y vemos los milagros realizarse. Si estamos con dudas cuando pedimos algo, es muy probable que la fe no funcione. Piense en el siguiente versículo de la Biblia.

"Pero pida con fe, no dudando nada; porque el que duda es semejante a la onda del mar, que es arrastrada por el viento y echada de una parte a otra." Stg.1.6

El apóstol Santiago nos da una valiosa enseñanza acerca de la manera como debemos orar cuando hay una persona enferma. Acordémonos que a veces pedimos y no recibimos porque pedimos mal. Es recomendable que como hijos de Dios y discípulos del Señor Jesús aprendamos la manera correcta de ejercer nuestra fe, para que todo lo que pidamos nos sea concedido, porque Dios es un Dios de orden. Aquí os dejo las palabras del apóstol Santiago:

"¿Está alguno enfermo entre vosotros? Llame a los ancianos de la iglesia, y oren por él, ungiéndole con aceite en el nombre del Señor. Y la oración de fe salvará al enfermo, y el Señor lo levantará; y si hubiere cometido pecados, le serán perdonados." Stg. 5.14,15

En otra parte de la Escritura se nos dice que el fin de nuestra fe es la salvación de nuestra alma. Porque amamos a Jesús sin haberlo visto, a Dios le ha placido darnos el regalo de la salvación. Gloria damos a Dios por tan sublime misericordia para con nosotros.

"A quien amáis sin haberle visto, en quien creyendo, aunque ahora no lo veáis, os alegráis con gozo inefable y glorioso, obteniendo el fin de vuestra fe, que es la salvación de vuestras almas." 1Pe. 1.8,9

Pedro comparte con nosotros una de las promesas más hermosas que encontramos en la palabra de Dios. Él nos dice que si nacemos de Dios, estamos facultados para vencer al mundo y que la victoria que ha vencido al mundo es precisamente nuestra fe.

"Porque todo lo que es nacido de Dios vence al mundo; y esta es la victoria que ha vencido al mundo, nuestra fe. Estas cosas os he escrito a vosotros que creéis en el nombre del Hijo de Dios, para que sepáis que tenéis vida eterna, y para que creáis en el nombre del Hijo de Dios." 1Pe. 5.4,13

Así pues, espero de todo corazón que esta sección que hemos estudiado acerca de la fe haya sido un canal de bendición para tu vida, y que hayas aprendido que las personas que han ejercido una fe genuina en Cristo Jesús no tienen por qué temer y estarán facultados para pelear la buena batalla y llevarse el premio, el cual Dios les dará por haber creído en nuestro amado y precioso Jesús.

Te invitamos a seguir adelante con la lectura de este libro y no perderte las próximas secciones que están llenas de bendiciones y bellas promesas para bendecir toda tu vida y la de tu familia.

2.3 Cuadro con versículos que hablan acerca de la fe.

Promesas bíblicas de fe	Mateo 17.20	Mateo 21.22	Marcos 10.52	Marcos 11.24
Marcos 16.16	Juan 3.16	Juan 6.35	Juan 11.14	Juan 11.25,26
Juan 20.29	Hechos 16.31	2 corintios 5.7	Romanos 1.17	Romanos 10.11
Gálatas 3.26,27	1 tesalonicenses 4.14	1timoteo 6.12	Hebreos 11.1	Hebreos 11.6
Hebreos 11.11	Santiago 1.6	Santiago 5.14,15	1 Pedro 1.8,9	1 Juan 5.4
1 Juan 5.13				

El cuadro precedente te ayudará a escudriñar las Escrituras y comparar por ti mismo lo que la Biblia dice con relación a la Fe. Esperamos y confiamos que serán de gran ayuda para ti y toda tu familia, en el grandioso nombre de nuestro Salvador Jesucristo.

2.4 Preguntas de reflexión

1. ¿Qué es la fe ?
2. ¿Qué tan importante es la fe en tu vida diaria?
3. ¿Cómo nos ayuda la fe en nuestra relación con Dios?
4. ¿En cuáles cosas nos beneficia tener una vida de fe?
5. ¿Puede una persona acercarse a Dios sin la fe?
6. ¿En qué nos ayuda poseer un conocimiento pleno de cómo funciona la fe?

7. Nombre algunos ejemplos de las cosas que hicieron las personas de fe a lo largo de toda la Biblia.

8. ¿Qué papel desempeñó la fe en la vida de Abraham, cuando Dios le dio las promesas de salir de su tierra con toda su parentela y de que iba a tener un hijo, a la edad de casi cien años ?

9. ¿Conoce usted alguna otra persona de la Biblia que mostró cierto nivel de fe en algún momento específico? ¿Cuál fue ese personaje?

10. Cuando Dios le dijo a Noé que construyera un arca porque iba a haber un diluvio, ¿Usted considera que Noé tuvo fe en lo que Dios le dijo? ¿Por qué?

TERCERA PARTE

La esperanza en la vida del creyente

3.1 ¿Qué es la esperanza?

De acuerdo con la Academia de la Lengua Española, la esperanza es un "estado de ánimo que surge cuando se presenta como alcanzable lo que se desea". En la doctrina cristiana cuando hablamos de esperanza nos referimos a la virtud que nos permite esperar que Dios nos otorgue lo que nos ha prometido. Es decir, esperar que Dios cumpla lo que nos ha ofrecido.

Cuando estudiamos la Biblia nos damos cuenta de que hay un mensaje de esperanza en toda la Escritura. Esta esperanza que vemos en la palabra de Dios es parte de la razón que nos impulsa a creer en sus promesas y que nos mantiene con una fe fortalecida y alimentada. La esperanza es una virtud cristiana ampliamente divulgada en toda la Biblia. Ella forma parte de la doctrina cristiana, y a cada uno de nosotros el Señor nos exhorta a vivir con esperanza.

La Palabra inspirada por el Eterno enseña a todos sus hijos a que no debemos perder la esperanza de la salvación y de la vida eterna. Los apóstoles en el Nuevo Testamento se abrazaron y aferraron a la esperanza del retorno de Cristo y del hecho que reinarían con él en la nueva Jerusalén. Asimismo los patriarcas y todos los profetas del Antiguo Testamento predicaron un mensaje lleno de esperanza de parte de Dios.

El pueblo santo que es linaje escogido de Dios sabe que la esperanza es un don especial que el Señor nos ha dado, y que la misma, forma parte de nuestra vida espiritual.

Queremos invitarles a estudiar la Biblia y descubrir el mensaje de aliento espiritual que llena nuestra alma cuando vivimos una vida con esperanza en las hermosas promesas de nuestro bendito Padre Celestial. Más adelante vamos a ver una serie de versículos de la palabra de Dios donde se pone de manifiesto muchas de sus promesas que fluyen esperanza y alimento espiritual. La Biblia nos dice que la palabra de Dios es viva y eficaz, y más cortante que una espada de dos filos, y penetra el alma y los tuéstanos. Esa es la palabra que trae luz al mundo, que nos conforta en tiempos de aflicción, que limpia nuestra mente y nuestra alma. La palabra de Dios transforma la mentalidad mundana y la convierte en espiritual, nos hace pensar con la mente de Cristo, bendice nuestra relación de pareja y nuestra relación interpersonal con los demás. La Palabra del Señor debe ser nuestra compañera inseparable. Anímate a llevar una vida de estrecha relación con nuestro Padre celestial. ¡No dejes de acompañarnos!

3.2 A continuación te presentamos un Cuadro con versículos de la Biblia que hablan de la esperanza.

Salmos 25.5	Salmos 31.24	Salmos 33.22	Salmos 42.11	Salmos 119.114
Salmos 121.7,8	Salmos 130.5	Proverbios 13.12	Isaías 40.31	Isaías 61.1
Jeremías 29.11	Lamentaciones 3.24	Miqueas 7.7	Mateo 11.28	Romanos 5.3,4
Romanos 5.5	Romanos 8.25	Romanos 15.13	1 corintios 13.13	Efesios 4.4
Colosenses 1.27	Hebreos 10.23	Hebreos 11.1	1 Pedro 1.3	1 Pedro 3.15

Con la palabra de Dios en tus manos te exhorto a examinar cada uno de los versículos que anteceden para que descubras por ti mismo lo maravilloso que es poder contemplar uno mismo lo que Dios quiere que sepamos acerca de él y de su mensaje sagrado. Porque "la palabra de Dios es viva y eficaz"... Declaro bendición sobre tu vida.

3.3 La esperanza es para todos los hijos de Dios.

El famosísimo filósofo Thales de Mileto dijo lo siguiente: **"La esperanza es el único bien común a todos los hombres: los que todo lo han perdido la poseen aún".** La declaración de este eminente pensador es muy importante, pero más importantes aún son los hermosos mensajes de la palabra de Dios acerca de la Esperanza. Mi amigo lector, queremos que usted piense seriamente en cada mensaje que Dios tiene que decirnos sobre la esperanza en nuestra vida. Ya sabemos que millones de personas están tomando decisiones equivocadas cada día. Son muchos los seres humanos que diariamente pierden la esperanza, y esto ocurre por un sin número de razones, como pueden ser: sentirse engañados, enfrentar una infidelidad, tener problemas económicos como las deudas, sentirse solos y abandonados, con falta de aprecio y cariño, enfrentar riñas y conflictos sociales, enfrentar un estado depresivo, etc. Todos nosotros en algún momento de nuestra vida hemos enfrentado algún tipo de conflicto ya sea emocional, social, religioso o económico. La Biblia, que es el libro que contiene el mensaje de Dios para su pueblo, tiene una solución para cada momento o circunstancia, y en el momento preciso basta con abrir sus páginas y buscar la ayuda que ésta contiene. Por esa causa hemos seleccionado los versículos siguientes con la finalidad de hacerlo más fácil para cada lector. Vamos a examinar los versículos que aparecen a continuación.

"Encamíname en tu verdad, y enséñame, porque tú eres el Dios de mi salvación; en ti he esperado todo el día." Sal.25.5

El Rey y salmista David entendió la importancia de esperar en el Creador del universo y dador de la vida, y por esta razón escribió el pasaje que han visto anteriormente. Convencido de lo necesario que es esperar en nuestro Padre celestial, David nos exhorta a todos nosotros a esforzarnos y seguir esperando en el Señor. Él sabe muy bien que la esperanza en Dios nos mantiene vivos y le da aliento a nuestro corazón. Mirad el próximo versículo.

"Esforzaos todos vosotros los que esperáis en Jehová, y tome aliento vuestro corazón." Sal. 31.24

Cuando esperamos en Dios, su misericordia viene sobre nosotros, de acuerdo con su palabra. Esta es la razón por la cual David expresó la declaración del verso que verán a continuación:

"Sea tu misericordia, oh Jehová, sobre nosotros, según esperamos en ti." Sal. 33.22

Una noticia muy alentadora que el Rey David quiso compartir con las gentes de todo el mundo es, la razón vivificante que mora en la esperanza que ponemos en Dios, hasta tal punto que, con una expresión poética escribe las hermosas palabras que encontramos en el siguiente versículo:

"¿Por qué te abates, oh alma mía, y por qué te turbas dentro de mí? Espera en Dios; porque aún he de alabarle, salvación mía y Dios mío." **Sal.42.11**

El salmista nos deleita además, al expresar que nadie, sino solo Dios nos puede defender de los dardos de las manos del maligno, y en ese sentido manifiesta que nuestro refugio y nuestro escondite es simple y llanamente Dios, en cuya palabra esperamos. El mensaje que nos deja es el siguiente:

"Mi escondedero y mi escudo eres tú; en tu palabra he esperado." **Sal. 119.114**

Hay muchas personas que no saben en quien depositar su Confianza, así que, siempre están buscando a alguien para depositar en él o ella sus mejores secretos o sus problemas. Para David, la idea de que Dios es nuestro mejor amigo es concluyente. Es en Dios que debemos poner nuestra confianza, no es en ningún hombre en particular, y esto es algo que todos los creyentes en el Señor debemos tener presente, que es Dios el que nos guarda de todo mal. Frente a Dios no hay ninguna asechanza del maligno que nos pueda atrapar y hacernos daño.

"Jehová te guardará de todo mal; él guardará tu alma. Jehová guardará tu salida y tu entrada desde ahora y para siempre." **Sal. 121.7,8**

Es muy interesante que notemos el grado de confianza que el rey David tenía en Dios, expresamente nos muestra que era un hombre de firme convicción en la fidelidad del Todopoderoso. Él muestra una firmeza de espíritu y una fe tan firme que son dignas de elogio y respeto. Así también debemos ser todos los cristianos que le hemos creído a Jesús y descansamos en lo que él nos ha prometido en su palabra.

"Esperé yo a Jehová, esperó mi alma; en su palabra he esperado." **Sal.130.5**

A veces lo que estamos esperando de parte de Dios llega tarde y nosotros creemos que la esperanza se ha perdido. La demora de lo que esperamos hace flaquear nuestra fe y la expectativa que tenemos, pero nuestro corazón toma aliento y se llena de fuerza y regocijo cuando por fin llega lo que ya pensábamos que no iba a llegar. No siempre las cosas que necesitamos nos llegan cuando nosotros las queremos, pero sí llegan cuando Dios lo ha determinado. Todo lo que necesitamos es saber esperar, y dejar el resultado en manos del Señor.

"La esperanza que se demora es tormento del corazón; pero árbol de vida es el deseo cumplido." **Prov. 13.12**

Uno de los versículos más bonitos de la Biblia se encuentra en el libro del profeta Isaías. El profeta declara una verdad que no tiene desperdicio. Se refiere a lo que ocurre con las personas que saben esperar en Dios. Esas personas experimentan algo verdaderamente grande y maravilloso. Así lo explica y lo describe el libro de Isaías.

"Pero los que esperan a Jehová tendrán nuevas fuerzas; levantarán alas como las águilas; correrán, y no se cansarán; caminarán, y no se fatigarán." Is.40.31

A continuación veamos una profecía acerca de Jesús, el Mesías. Estas palabras no solo son una profecía, sino que constituyen el mensaje mesiánico que el Redentor vino a traer, el cual es un mensaje que está lleno de esperanza para todo el mundo y constituye la esencia del propósito de su venida a la tierra, encarnado en la persona de Dios. Así está escrito:

"El Espíritu de Jehová el Señor está sobre mí, porque me ungió Jehová; me ha enviado a predicar buenas nuevas a los abatidos, a vendar a los quebrantados de corazón, a publicar libertad a los cautivos, y a los presos apertura de la cárcel." **Is.61.1**

Corroborando el mensaje profético de Isaías, Dios se dirige a nosotros como lo hace un buen padre y nos comunica también otro mensaje muy similar al anterior. Algo muy característico de nuestro Padre celestial es que siempre nos trata con amor, aun cuando nosotros le somos desleales. Observemos qué mensaje tan precioso nos dice Dios.

"Porque yo sé los pensamientos que tengo acerca de vosotros, dice Jehová, pensamientos de paz, y no de mal, para daros el fin que esperáis." Jer.29.11

Hay otro versículo que también hace énfasis en que nuestra esperanza es en Dios que debe estar puesta. Toda la Escritura dirige su mensaje a que debemos poner nuestra esperanza en el Eterno Dios de Israel, y solo en él, no en hombre alguno.

"Mi porción es Jehová, dijo mi alma; por tanto, en él esperaré". Lam. 3.24

El profeta Miqueas nos deja a nosotros un contundente y directo mensaje. Su mirada está puesta en Dios, su esperanza, y su plegaria. Así lo escribe en su libro y nos lo ha dejado para que sigamos su ejemplo. Tú y yo podemos ser como Miqueas. Nuestra mirada debemos dirigirla al Padre de la gloria, aquel que ha mostrado un amor sublime por sus hijos, cuya niña de sus ojos somos nosotros, el pueblo que le adora.

"Mas yo a Jehová miraré, esperaré al Dios de mi salvación; el Dios mío me oirá." Miq. 7.7

Si estamos hastiados, trabajados, sin fuerza, desanimados y con cansancio, si sentimos que hemos desfallecido, si nos falta aliento y energía, si estamos agotados y no tenemos gana de continuar nuestro camino, no te desanimes más; el Señor Jesús tiene una extraordinaria y radiante promesa para su pueblo. Él nos hace la invitación de venir a él. Así que, si tú estás pasando por una situación crucial nunca olvides que el Señor Jesucristo tiene la respuesta de todos tus problemas. Su llamado está abierto esperando por ti. Su llamado es para todos, sin distinción de razas, ni de color, ni de edad, ni de estatus social.

"Venid a mí todos los que estáis trabajados y cargados, y yo os haré descansar." Mat. 11.28

El apóstol Pablo, entendió bien el llamado del Señor en el sentido de que estaba consciente que frente a cualquier adversidad el cristiano debe sentirse victorioso y nunca declarar derrota. Los hombres y las mujeres de Dios lo último que harían es declararse derrotados. Pablo sabía de antemano que dicha victoria no es porque somos más fuertes que los demás, sino porque tenemos nuestra mirada puesta en aquel que nos ha prometido darnos descanso aunque estemos abatidos. Por esa causa el mensaje del apóstol nos motiva a ser fuertes espiritualmente, venciendo todos los contratiempos que se nos presenten en el camino.

"Y no sólo esto, sino que también nos gloriamos en las tribulaciones, sabiendo que la tribulación produce paciencia; y la paciencia, prueba; y la prueba, esperanza." Ro.5.3,4

Los que hemos sido bautizados con el Espíritu Santo tenemos una esperanza tan sólida que ninguna tribulación ni ninguna prueba nos avergüenza. En la vida de los hijos verdaderos de Dios el amor juega un papel fundamental, ya que hemos recibido este mandamiento de parte del señor Jesús, que nos amemos unos a otros así como él nos ha amado. Sabemos que el que no ama no ha conocido a Dios, tal como nos lo dice su palabra.

"Y la esperanza no avergüenza; porque el amor de Dios ha sido derramado en nuestros corazones por el Espíritu Santo que nos fue dado." Ro.5.5

Nosotros tenemos una esperanza que se fundamenta en lo que no vemos. Por eso esperamos con paciencia todo aquello que Dios nos ha prometido en su palabra, y nada nos desespera, porque nuestra fe está cimentada en las bendiciones espirituales. No sentimos tal pasión por las cosas terrenales sino por aquellas que están en las mansiones celestiales, donde Dios tiene su morada. El pueblo cristiano no está desesperado, sino que tenemos paciencia porque sabemos que lo que se nos ha ofrecido de parte de Dios es algo verdadero y seguro, porque Dios no puede mentir.

"Pero si esperamos lo que no vemos, con paciencia lo aguardamos." Ro. 8.25

De acuerdo con las palabras de Pablo el apóstol, Dios es un Dios de esperanza, el cual nos llena de todo gozo y de paz, cuando creemos. Esta creencia no es una fe ciega, sino que cuando decimos que tenemos fe en Dios y en lo que él nos dice estamos declarando nuestra confianza absoluta e inconmovible en el arquitecto del universo como única autoridad que es digna de toda nuestra confianza, sin temor a que nos falle, porque él es la roca sólida que no se mueve, sino que permanece para siempre.

"Y el Dios de esperanza os llene de todo gozo y paz en el creer, para que abundéis en esperanza por el poder del Espíritu Santo." Ro.15.13

En los últimos días hemos visto que ha habido un gran descenso del amor de las personas, pero debemos tener cuidado, puesto que de acuerdo con lo que dice el apóstol Pablo, hasta este momento hay tres virtudes que permanecen en nuestra vida como hijos del Eterno, y esas tres virtudes son, la fe, la esperanza y el amor. Todo hijo de Dios debe saber que si en nuestra vida llegara a faltar algunas de estas virtudes, ya nuestro testimonio como cristiano se vería afectado significativamente. Ningún hijo de Dios debe vivir exento de estas tres virtudes. Indiscutiblemente ellas son el fundamento de los verdaderos seguidores de Cristo. Sin embargo, aunque las tres son importantes, hay una que es el sello distintivo que identifica a cada uno de los que forman la familia de Dios, y se llama el amor. El amor tiene que estar en la vida de todo creyente, porque el creyente que no tiene amor no tiene a Cristo en su corazón.

"Y ahora permanecen la fe, la esperanza y el amor, estos tres; pero el mayor de ellos es el amor." **1cor.13.13**

Existe una correlación entre el cuerpo y el espíritu y ambos deben tener la misma esperanza y estar santificados igual.

"Un cuerpo, y un Espíritu, como fuisteis también llamados en una misma esperanza de vuestra vocación." Ef. 4.4

El autor de la carta a los Hebreos nos exhorta a que debemos mantener firme la profesión de nuestra esperanza, debido a la fidelidad de Jesucristo, que nos prometió tan grandes bendiciones.

"Mantengamos firme, sin fluctuar, la profesión de nuestra esperanza, porque fiel es el que prometió." He.10.23

Recordemos que la fe es certeza y convicción. Certeza de lo que se espera, y convicción de lo que no se ve. Así se define la fe en el siguiente versículo de la Biblia.

"Es, pues, la fe la certeza de lo que se espera, la convicción de lo que no se ve." Hebreos. 11.1

De acuerdo con las palabras del apóstol Pedro, Dios nos ha hecho renacer para que tengamos una esperanza viva. Nuestra esperanza no puede estar muerta jamás; se nos dice que nuestra esperanza es viva porque está sustentada en la resurrección de Jesucristo de los muertos.

"Bendito el Dios y Padre de Nuestro Señor Jesucristo, que según su grande misericordia nos hizo renacer para una esperanza viva, por la resurrección de Jesucristo de los muertos." 1Pe. 1.3

El cristiano debe ser manso y reverente al momento de defender su esperanza y demostrar las razones de esta. Es una experiencia gratificante el hecho que podamos caracterizarnos como verdaderos hijos de Dios ante el mundo y salir vencedores frente a los desafíos del maligno.

"Sino santificad a Dios el Señor en vuestros corazones, y estad siempre preparados para presentar defensa con mansedumbre y reverencia ante todo el que os demande razón de la esperanza que hay en vosotros." 1Pe. 3.15

Amados hermanos, hasta aquí hemos leído, estudiado y examinado un número considerado de versículos de la Escritura que contienen mensajes significativos relacionados con la esperanza. Les recomendamos continuar leyendo la Biblia, y buscando otros versos que nos hablan también de esperanza. De esa manera nuestra relación con Dios irá perfeccionándose cada día e iremos conociendo más acerca de nuestra ciudadanía celestial y de las hermosas promesas de esperanza que Dios elaboró para cada uno de sus hijos. La Escritura contiene mensajes de esperanza desde el Génesis hasta el libro de revelación. Sus promesas están ahí para que nosotros nos apropiemos de ellas y que sean de gran bendición para nuestra vida. Si Dios nos ha dejado promesas de esperanza es porque estas sirven para fortalecer nuestra vida, especialmente cuando estamos enfrentando luchas espirituales y corporales. Dios no se equivoca. Nos ha dejado un sin número de herramientas para que nos sirvan de protección, consuelo y cuidado en el momento cuando llega la prueba y la persecución. Que la bendita palabra de Dios limpie nuestras impurezas de maldad, nos proteja y nos permita crecer en la palabra del Señor Jesús cada día, para que podamos dar por gracia lo que por gracia hemos recibido y estar fortalecidos con el poder de su Santo Espíritu. Les invitamos a continuar leyendo la siguiente parte de este impresionante libro, en el amor de nuestro amado Salvador y Señor Jesucristo.

3.4 Preguntas para discutir en grupo o individualmente.

A continuación de dejamos una serie de preguntas para reflexionar y meditar. Puedes reunirte con tu familia o con tus amigos, y trabajar en grupo si lo prefieres. De lo contrario, puedes analizarlas y contestarlas de manera individual.

1. ¿ Qué es la esperanza?

2. ¿ Para qué nos sirve a nosotros la esperanza?

3. ¿ Es importante o no la esperanza, y por qué?

4. ¿ Puede un cristiano vivir sin esperanza?

5. ¿ Por qué es importante que mantengamos la esperanza en las promesas que Dios nos ha dado?

6. ¿ Podemos encontrar consuelo en las palabras de esperanza que tiene la palabra de Dios?

7. ¿ Representa algún peligro para alguien el hecho de que esa persona viva sin esperanza?

Queremos saber, además si los recursos bíblicos que hemos leído en este libro hasta ahora te han sido de alguna ayuda espiritual, o si están edificando tu vida de alguna manera. Escribe tus comentarios en las siguientes líneas.

____
____
____
____
____
____

Nuestro próximo bloque de contenido consiste en estudiar lo que la palabra de Dios expresa acerca del amor. Vamos a relacionar las promesas amorosas del Creador con nuestra vida cristiana y cómo este amor se convierte en una lluvia de bendiciones para la vida de cada creyente. Te invitamos a acompañarnos en este capítulo y disfrutar de las múltiples bendiciones de una vida en sintonía con el Creador del mundo.

3.5 Cuando amamos a Dios, guardamos sus mandamientos.

Amados hermanos, queremos decirles algo muy importante, que les permitirá crecer en su vida cristiana y también mejorará su relación con Dios. Se trata de entender que la palabra de Dios es más que una historia secular. Lo que dice la Biblia es algo digno de prestarle seria atención, porque se trata de lo que dice Dios, y el ser humano no puede ni debe querer adaptar lo que Dios dice, a su propia opinión. Prestemos atención a un mensaje que Dios nos dejó, el cual se encuentra en el libro de Deuteronomio, y dice de la siguiente manera: ***"Amarás a Jehová, tu Dios, de todo tu corazón, de toda tu alma y con todas tus fuerzas".*** **Deuteronomio 6:5.** Amigo mío, todo el que ama a Dios se place en guardar sus mandamientos. No se puede prescindir de que amamos a Dios sin guardar sus *mandamientos*. Para el cristiano verdadero el obedecer a Dios es un deleite. El apóstol Juan escribió lo siguiente: **"pues este es el amor a Dios: que guardemos sus mandamientos; y sus mandamientos no son gravosos, porque todo lo que es nacido de Dios vence al mundo; y esta es la victoria que ha vencido al mundo, nuestra fe". 1 Juan 5:3-4.** Amados hermanos, ¡Qué bello es cuando le servimos a Dios y nos deleitamos en guardar sus mandamientos! Las recompensas que recibimos de parte de Dios son innumerables.

Si eres una persona correcta e íntegra ante Dios, y si guarda sus mandamientos como él manda, es recomendable que escuches lo que el Eterno Dios del universo nos dice en el libro de los Salmos. Dios dice: ***Bienaventurado el varón que no anduvo en consejo de malos, ni estuvo en camino de pecadores, ni en silla de escarnecedores se ha sentado, sino que en la ley de Jehová está su delicia y en su ley medita de día y de noche. Será como árbol plantado junto a corrientes de aguas, que da su fruto en su tiempo y su hoja no cae, y todo lo que hace prosperará". Salmo 1: 1-3***

De acuerdo con el mensaje plasmado por Dios en este pasaje de la Escritura, es notorio que nuestra bendición depende del grado de fidelidad a Dios y el nivel de santidad que tenemos. Una persona que hace conforme al deseo de nuestro Padre celestial y no se contamina con el pecado, es una persona a quien Dios protege y bendice, y le va bien en todo. Pero si decimos que amamos a Dios y no guardamos sus mandamientos sino que seguimos viviendo la vida vieja, la de pecado, entonces no solo corremos el riesgo de perder nuestra salvación sino que además viviremos siempre una vida de personas enfermizas y nos vemos como anémicos espirituales. De modo que nuestra exhortación para usted es que ame a Dios y ame también su palabra, honrando su nombre y siendo una persona de un buen testimonio y de una conducta intachable ante los hombres y ante los ojos de nuestro Padre celestial.

CUARTA PARTE

Dios nos habla a través del lenguaje del amor

4.1 Un bosquejo importante.

En esta sección verás:

El mandato de Dios a sus hijos

- Levíticos
- Lamentaciones
- Proverbios

Compromiso de amor de parte de Dios

- Isaías

El mandamiento de Jesús

- El Evangelio de Juan

Seguridad en el amor

- Romanos

Misterios del amor y promesas de lo alto

- 1Corintios

Vinculo de amor entre hermanos

- Efesios
- Colosenses
- 1Pedro

Amor práctico

- 1 de Juan

¿Cómo podemos definir la palabra amor?

Lo cierto es que la única palabra del diccionario que es totalmente subjetiva en cuanto a su significado es la palabra amor. Poetas, cantantes, filósofos, escritores y muchos otros intelectuales han tratado de definir lo que es el amor, pero solo han dado un significado de acuerdo con lo que para ellos en lo personal significa este. La realidad es que el amor es un sentimiento de afecto que se tiene hacia alguien y que lo manifestamos con respeto y ternura. Pero en el plano espiritual, cuando hablamos del amor de nuestros padres hacia nosotros o del amor de Dios hacia la humanidad, entonces el significado adquiere una nueva dimensión y una mayor relevancia. Cuando hablamos del amor de Dios no solo nos referimos a un afecto sino que también observamos que este amor lleva a cabo un sacrificio y un cuidado especial e incondicional que está vinculado con el perdón y la salvación, y con la promesa de la vida eterna. En Dios el amor adquiere otra connotación.

Versos bíblicos que hablan del amor.

Levíticos 19.17,18	Lamentaciones 3.22,23	Proverbios 3.3,4	Isaías 43.4	Isaías 49.15,16
Juan 15.12	Juan 15.13	Romanos 8.38,39	Romanos 12.9	Romanos 13.8
Romanos 13.10	1corintios 2.9	1corintios 13.1	1corintios 13.2	1corintios 13.3

1corintios 13.4,5	1corintios 13.13	1corintios 16.14	Efesios 4.2	Efesios 5.25,26
Colosenses 3.14	1 Pedro 4.8	1 Juan 3.1	1 Juan 4.8	1 Juan 4.10
1 Juan 4.12	1 Juan 4.16	1 Juan.4.19	1 Juan 4.20	

Aquí suministramos los versículos bíblicos que seleccionamos para este capítulo del libro. Puedes revisarlos y comprobar cada uno de ellos si lo deseas.

4.2 Lo que Dios manda y demanda de su pueblo.

Este es el mandato de Dios a sus hijos, que desde el principio le fue otorgado a los israelitas pero tiene un carácter universal y por esa causa llega a cada uno de nosotros en estos días, gracias a su palabra escrita.

Amados hermanos, cuando analizamos el mensaje que Dios le dio a Moisés para que le diga al pueblo, nos damos cuenta de que el amor al prójimo está en primera página en la agenda de Dios. Aborrecer al hermano es un mal hábito y el Señor no quiere que su pueblo se forme con los malos hábitos. Dios quiere que tengamos un corazón sano y lleno de amor. Esa es la razón por la que en toda la Biblia vemos a nuestro Padre celestial transmitiéndonos un mensaje de puro amor, y es que si aborrecemos a nuestro hermano entonces no somos apto para reunirnos en su reino y formar parte de su rebano. Este es el mensaje que Dios manda que debemos saber y tener en nuestra mente:

"No aborrecerás a tu hermano en tu corazón; razonarás con tu prójimo, para que no participes de su pecado." Lv.19.17

Una vez más escuchamos la voz del Todopoderoso advirtiéndole al pueblo sobre la necesidad de no utilizar la venganza contra el prójimo ni tampoco guardar rencor. Es muy importante saber que la gente de Dios tiene la mente de Dios y la mente de Dios debe ser una mente de luz y poseer una perspectiva diferente a quienes están envenenados por la pandemia de la venganza y el rencor. Qué importante es tener una mente libre de maldad y de prejuicios espirituales! Dios desea que nosotros seamos felices en todo el sentido de la palabra, y el que anda cargando con la carga de estos flagelos jamás podrá ser feliz. El mismo Jehová mandó a Moisés a decirle al pueblo las palabras contenidas en el versículo que vamos a ver ahora.

"No te vengarás, ni guardarás rencor a los hijos de tu pueblo, sino amarás a tu prójimo como a ti mismo. Yo Jehová." Lv.19.18

En el libro de Lamentaciones se nos enseña que la misericordia del Señor es grande. Si no fuera por su misericordia todos estuviéramos consumidos y hechos estopa, pero Dios nunca aparta de nosotros su cuidado y su misericordia. Así de grande es el amor de Dios para con sus hijos. Cada mañana Dios muestra su fidelidad y su cariño para con sus hijos que obedecen su palabra y hacen su voluntad. Eso lo podemos ver en toda la Biblia y son palabras de esperanza para nosotros.

"Por la misericordia de Jehová no hemos sido consumidos, porque nunca decayeron sus misericordias. Nuevas son cada mañana; grande es su fidelidad." Lm. 3.22,23

Ya en el libro de Proverbios desde cientos de años antes de Cristo estaba contemplada una gran amonestación que es de especial interés para nosotros los que vivimos en la sociedad de hoy en día. Allí el Altísimo nos exhorta que nunca debemos apartar de nosotros dos cosas esenciales: la justicia y la misericordia. Son tan preciosas ante los ojos de nuestro Padre celestial que él quiere que las atemos a nuestro cuello y la escribamos en el mismo corazón. Hacer esto nos ayudará a encontrar el favor de Dios y hallar gracia ante los ojos de los hombres. ¡Qué maravilloso es escuchar una declaración como esa! Los amigos de Dios debemos practicar la misericordia y la verdad. Estas dos cualidades son una perla de gran precio ante los ojos del altísimo. Echemos una ojeada al proverbista y recibamos la bendición que traen consigo las mismas.

"Nunca se aparten de ti la misericordia y la verdad; átalas a tu cuello, escríbelas en la tabla de tu corazón; y hallarás gracia y buena opinión ante los ojos de Dios y de los hombres." Pr. 3.3,4

4.3 Compromiso de amor de parte de Dios.

Las palabras de Dios a Jacob y a Israel están cargadas de belleza. Dios está dispuesto a sacrificarlo todo por su pueblo escogido y eso mismo nos dice a nosotros hoy día. Ante los ojos de él no solo somos de gran estima sino que además somos honorables. Es un mensaje que nos mueve a amar a Dios de la misma manera que él nos ama a nosotros. El Altísimo se compromete con sus hijos hasta tal punto que está dispuesto a hacer lo que sea necesario con tal de que tengamos comunión con él y establezcamos una relación de padre a hijo.

"Porque a mis ojos fuiste de gran estima, fuiste honorable, y yo te amé; daré, pues, hombres por ti, y naciones por tu vida." Is. 43.4

Otra vez Dios le habla a Sion y le deja saber que su amor es tan grande por ella que nunca será capaz de dejarla. Dios mismo le pone como ejemplo el amor de una madre para con su hijo y prosigue diciéndole a Israel que aunque una madre olvide a su hijo para darle ese amor que merece, él nunca la olvidará. Dios le dice a su pueblo precioso que lo tiene esculpido en la palma de las manos y que delante de él está su protección. Así es el Dios de nuestra vida, al que le servimos los que creemos en su bendita palabra. Este mensaje es tan alentador que debe fortalecer nuestra vida cada día de nuestra existencia.

"¿Se olvidará la mujer de lo que dio a luz, para dejar de compadecerse del hijo de su vientre? Aunque olvide ella, yo nunca me olvidaré de ti. He aquí que en las palmas de las manos te tengo esculpida; delante de mí están siempre tus muros." Is. 49.15,16

4.4 El mandamiento de Jesús.

De acuerdo con el Evangelio de Juan, el Señor Jesús nos ha dejado algunos mandamientos para obedecerlos. Sus enseñanzas van más allá de la legalidad y el formalismo, y se colocan a nivel de un pragmatismo trascendental. No cabe duda alguna de que el amor es el lenguaje de Jesús. Todo lo que él hizo lo realizó con amor, y lo que enseñó estaba fundamentado en el amor. Es sumamente importante notar cómo Jesús es categórico y preciso, al enfatizar que su mandamiento es que nos amemos unos a otros, de la manera como él nos ha amado.

"Este es mi mandamiento: Que os améis unos a otros, como yo os he amado." Jn. 15.12

Es necesario notar la calidad del amor que Jesús nos tiene. Su amor es incomparable y sin igual. La manera como él ama no tiene límites y su compasión por nosotros no tiene fin. Con razón podemos afirmar que nadie es semejante a Jesús. Él traspasa los límites de la normalidad y lo cotidiano y trasciende hasta colocarse en lo sobrenatural y divino. En Jesús el amor alcanza su máxima esencia y significado. Sus palabras nos inspiran cada día a buscar la perfección y tratar de imitarlo y obedecerlo. Es tan sublime su amor que es capaz de conmover al más duro de los corazones y de transformar al más deformado de los mortales. El amor de Dios en la persona de Jesús es el único calificado para expresar las palabras que leemos en el siguiente versículo:

"Nadie tiene mayor amor que este, que uno ponga su vida por sus amigos." Jn.15.1

El amor verdadero es la expresión máxima del carácter de Dios. Es Jesús, el Hijo de Dios, quien mejor representa este tipo de amor. Parte de ese amor se refleja también en nosotros aunque de diferentes formas. Cuando una madre amamanta a su hijo y lo cuida, es un gesto que indica que una parte de ese amor divino está ahí en esa madre.

Cuando un padre educa a su hijo y le enseña a ser un hombre de bien está mostrando un poco del amor de Dios, y asimismo cuando le hacemos el bien a nuestro prójimo estamos demostrando que nuestro corazón está moldeado por Jesús y lleno de ese amor que nos mueve a ver el mundo desde otra perspectiva.

Cuando miramos a Jesús es indiscutible que su amor nos transforma y cambia el corazón pecaminoso y corrompido que llevamos dentro y en lugar de ese corazón dañado por el pecado coloca uno nuevo que en su interior tiene el sello del Altísimo.

Muchas personas no entienden por qué los cristianos oran por sus enemigos, comparten su pan con gentes desconocidas, oran por los que sufren, perdonan a sus enemigos y se sacrifican por los pobres. Hay una respuesta única para esa pregunta y es porque los cristianos tenemos el amor de Dios.

El amor de Dios es el único que produce cambios significativos en la vida de alguien. Está demostrado que la Filosofía y la religión no producen cambios espirituales en un individuo, la Psicología y la Medicina no activan el amor de Dios en la vida de nadie, la Psiquiatría ni ninguna otra disciplina causa ese tipo de transformación que mueva al ser humano a hacer cosas espirituales para el bien de otros, pero el amor de Dios sí produce dicho cambio en todos aquellos que lo experimentan y se dejan moldear por él. Esta es una de las causas por la que necesitamos de ese amor, ese rayito de luz que deshace el odio y construye la satisfacción del espíritu.

4.5 Seguridad en el amor.

Nos preguntamos si es que el amor de Dios es tan fuerte y poderoso que supera todas las fuerzas. Sí, tenemos que preguntarnos qué tan fuerte es este amor celestial, porque cuando miramos la vida de los apóstoles y profetas hay algo que cautiva nuestra atención. Pablo el apóstol sintió esa seguridad que nos deja perplejo y nos lleva a admirar el tipo de relación que este hombre tenía con Dios. Su firmeza de espíritu es tan grande y potente a la vez, que nos contagia y nos motiva a imitarlo. Bajo las tribulaciones por las que pasó el apóstol Pablo él siente tal seguridad que podemos reflexionar en sus palabras registradas en el libro de Romanos. Aquí está su mensaje, el cual indica que nada ni nadie puede apartarlo a él del amor de Dios ni tampoco a nosotros.

“Por lo cual estoy seguro de que ni la muerte, ni la vida, ni ángeles, ni principados, ni potestades, ni lo presente, ni lo porvenir, ni lo alto, ni

lo profundo, ni ninguna otra cosa creada nos podrá separar del amor de Dios, que es en Cristo Jesús Señor nuestro." Ro. 8.38,39

Pero ese amor celestial no podemos fingirlo, es algo que lo sentimos, nos movemos con él y en medio de él. Por esa razón tenemos el poder para no fingir amor, para aborrecer todo lo que se opone a Dios y también para seguir todo lo bueno que procede de Dios. Los cristianos practicamos el amor no fingido, aborrecemos lo malo y seguimos lo bueno, de acuerdo con lo que nos dice su bendita palabra.

"El amor sea sin fingimiento. Aborreced lo malo, seguid lo bueno." Ro.12.9

Muchas personas que se denominan cristianas se envuelven en deudas, hacen negocios donde en diferentes situaciones empañan su imagen como parte del cuerpo de Cristo, hay personas que tienen deudas y no pagan, otras, hay que enviarles el alguacil a su casa o el cobrador de deudas a que les cobren, porque no pagan las deudas que tienen. Esta imagen de quienes se dicen cristianos hace mucho daño al testimonio de la comunidad de Cristo. Eso no debe ocurrir con nadie que tenga conocimiento de la Palabra de Dios. La Biblia manda que no debemos deberle nada a nadie sino el amarnos uno a otros. Pero el cristiano que toma prestado y no paga, está equivocado y ensucia el testimonio de la iglesia. Fijémonos en lo que dice la Escritura con respecto al tema:

"No debáis a nadie nada, sino el amarse unos a otros; porque el que ama al prójimo, ha cumplido la ley." Ro.13.8

Nadie que se haga pasar por cristiano debe tomar el nombre del amor para engañar ni para causarle mal a nadie. El amor que profesamos debe ser sincero y puro. Ese amor debe hacer que nosotros reflejemos al mismo Dios en nuestra vida. No podemos hacer daño al prójimo en nombre del amor, y aquellos que lo hacen están incurriendo en una maniobra muy absurda. Cuando nosotros amamos de acuerdo al mandamiento de Dios estamos cumpliendo la ley. El Eterno Creador nos dice claramente que el que ama ha cumplido toda la ley, por eso es tan imprescindible que quienes seguimos el camino de la salvación tengamos amor unos con otros, y lo pongamos en práctica en cada acto de nuestra vida.

"El amor no hace mal al prójimo; así que el cumplimiento de la ley es el amor." Ro.13.10

El próximo paso de este bosquejo será estudiar los misterios del amor divino y las promesas de ese Dios maravilloso.

4.6 Los misterios del amor y las promesas que vienen de arriba.

El Eterno y soberano Dios tiene ciertos misterios guardados para bendecir a sus hijos, aquellos que le son fieles. La Biblia nos enseña que la dádiva de Dios es vida eterna en Cristo Jesús, nuestro Señor. Es importante que cada uno de nosotros sepamos que Dios tiene cosas que no nos imaginamos lo especiales que son, las cuales están reservadas para los que le aman. Su palabra expresa esto como cosas que ojo no vio ni oído oyó, recompensas que no nos imaginamos lo deliciosas que son, y están reservadas para la gente que ama a Dios. Puesto que tenemos un privilegio tan grande no deberíamos descuidarnos ni un minuto, no vaya a ser que se nos pierda esa bendición especial. implícitamente se nos presenta el mensaje de que las bendiciones de Dios están reservadas para los que practican el amor no solo con su prójimo, sino también **para los que aman a Dios**, de manera más específica. Podemos entender entonces que el amor es el núcleo de la vida de los verdaderos hijos de Dios, es decir la parte más importante que debe estar en todo cristiano. Si en esta vida los hijos de Dios tenemos que sufrir alguna persecución o ser maltratados por causa del Evangelio de Jesús, considero que la recompensa que nos espera tiene el valor espiritual suficiente como para mantenernos firmes y sin vacilar frente a tales persecuciones o afrentas.

"Antes bien, como está escrito: Cosas que ojo no vio, ni oído oyó, ni han subido en corazón de hombre, son las que Dios ha preparado para los que le aman." 1co.2.9

Es probable que muchos de nosotros hayamos tenido la experiencia de conocer personas que a simple vista se conducen muy bien. A lo mejor son personas de buena moral, posiblemente tengan una vida intachable, o sean un punto referencial digno de seguir, o son muy buenos humanistas, o dan ayudas a los necesitados, etc. Es posible que conozcamos gentes muy buenas, que nos motive a pensar que esas personas son unos auténticos hijos de Dios, pero observemos detenidamente lo que la Biblia nos enseña acerca del amor y de hacer muchas cosas calificadas como buenas pero que no involucran realmente al amor. La experiencia apostólica de Pablo explica lo que sucede cuando como pueblo de Dios realizamos algo sin imprimirle el sello del amor. Podemos mover la tierra y el cielo, y si no lo hacemos con amor eso no nos sirve de nada. Así es como Pablo resumió todo el discurso de la fe de los cristianos.

"Si yo hablase lenguas humanas y angélicas, y no tengo amor, vengo a ser como metal que resuena, o címbalo que retiñe. Y si tuviese profecía, y entendiese todos los misterios y toda ciencia, y si tuviese toda la fe, de tal manera que trasladase los montes, y no tengo amor, nada soy" 1co.13.1,2

La entrega y el servicio a favor de los demás es digno de elogio y merecedor de aplausos. Hay muchas personas que viven una vida de total servicio, hacen el bien a quien lo necesite, son abnegados, listos para servir, desinteresados, ayudadores, capaces de darlo todo por los demás. Sabemos que personas así hace falta hoy más que nunca, y de hecho, las gentes de servicio son una bendición de Dios y ayudan a la sociedad a ser mejor. Realmente necesitamos a esas personas de bien, que se sacrifican por los demás. Sin embargo, debemos saber algo muy importante: Todas esas cosas, cuando se hacen sin amor, son vacías, no tienen ningún significado. Esta no es una opinión hiperbólica; es justamente lo que dice la Biblia. Si reparto, si me entrego, si lo doy todo, y no tengo amor, no he hecho nada. Eso ya lo dijo el apóstol Pablo muchos años antes.

"Y si repartiese todos mis bienes para dar de comer a los pobres, y si entregase mi cuerpo para ser quemado, y no tengo amor, de nada

me sirve. El amor es sufrido, es benigno; el amor no tiene envidia, el amor no es jactancioso, no se envanece; no hace nada indebido, no busca lo suyo, no se irrita, no guarda rencor; no se goza de la injusticia, sino que se goza de la verdad." 1co.13.3-6

4.7 El vínculo de amor entre hermanos.

Estudiaremos los siguientes versículos en este apartado:

Efesios 4.2, Efesios 5. 25, 26, Colosenses 3.14, 1Pedro 4.8

La palabra de Dios nos manda a tener humildad y mansedumbre. El pueblo del Señor no debe ser orgulloso ni altanero, debemos tener la capacidad espiritual para soportar a los demás con paciencia, sin airarnos, sino con amor. Eso es lo que nos ordena la Palabra y es el consejo que nos conviene seguir. El pueblo de Dios no debe pelear con nadie ni maldecir a nadie ni ser rival de nadie. Somos un pueblo que nos movemos en la fe y actuamos con amor, dando siempre el buen ejemplo, siendo luz para el mundo. Estamos hechos para volar por encima de las tormentas.

"Con toda humildad y mansedumbre, soportándoos con paciencia los unos a los otros en amor." Ef. 4.2

Otra área que Dios nos manda a atender es el de la vida conyugal y familiar. Dios no quiere maridos peleones ni mujeres lengua suelta, Dios quiere una pareja conyugal que se amen y se entiendan, unos esposos que se toleren unos a otros. Dios manda que en la casa los esposos dialoguen y resuelvan sus diferencias con buena educación, sin humillarse unos a otros. Dios no quiere mujeres que se crean hombres ni tampoco hombres prepotentes y agresivos con su media naranja. Dios quiere esposos que se amen así como se amaban cuando estaban en el primer amor. Dios quiere que tanto el hombre como la mujer asuman su rol de lo que son y como debe ser. Esposo y esposa, ámense uno a otro y tengan una vida en armonía conforme como manda el Señor.

"Maridos, amad a vuestras mujeres, así como Cristo amó a la iglesia, y se entregó a sí mismo por ella, para santificarla, habiéndola purificado en el lavamiento del agua por la palabra." Ef. 5.25,26

Sobre todas las cosas Dios quiere que nos vistamos de amor, el cual, según la carta a los Colosenses éste es el vínculo perfecto, y creemos en particular que sí, que así es. Le pedimos a Dios que su amor nos inunde y sea el combustible que mueva la vida de todos sus hijos y de su iglesia, para que honremos su nombre y podamos alabar su nombre.

"Y sobre todas estas cosas vestíos de amor, que es el vínculo perfecto." Col. 3.14

"Y ante todo, tened entre vosotros ferviente amor; porque el amor cubrirá multitud de pecados." 1Pe. 4.8

¿Qué sería del mundo sin amor? ¿Cómo viviríamos los seres humanos sin sentir el calor del amor? ¿Cómo podría el mundo subsistir si no hubiera amor? ¿Quién ayudaría a los necesitados y llevaría a los enfermos al médico si el amor no estuviera en medio de nosotros? Reflexionemos sobre estas preguntas y nos daremos cuenta de que el amor es la fuerza que todo lo mueve y el alimento que sustenta todas las cosas.

4.8 Amor práctico.

En este subcapítulo estudiaremos los pasajes bíblicos siguientes:

1Jn. 3.1, 1Jn. 4. 8, 10; 1Jn. 4.12, 1Jn. 4.16, 1Jn. 4.19,20

El apóstol Juan nos invita a mirar la magnitud del amor que Dios ha tenido con nosotros. Este amor se expresa resaltando que por el amor tan grande que Dios nos tiene se nos ha dado el nombre de hijos de Dios. El amor de Dios en nuestra vida es la causa por la cual la gente que vive alejado de ese amor tan sublime nos mira como peregrinos, y no entienden por qué actuamos de la manera que actuamos, pero eso es porque el amor del Padre nos hace vivir alejados de las cosas que el mundo ve como normal y de las cuales participa cada día.

"Mirad cuál amor nos ha dado el Padre, para que seamos llamados hijos de Dios; por esto el mundo no nos conoce, porque no le conoció a él." 1Jn.3.1

Si alguien que dice conocer a Dios vive sin amor y sin amar a los demás, la palabra de Dios declara que dicha persona no ha conocido a Dios. Esas palabras de las Escrituras nos hacen reflexionar acerca de una gran verdad, porque, ¿Cómo puede alguien que ha tenido un encuentro con Dios no ser lleno de su Espíritu para contagiar a su prójimo del mismo amor que ha recibido? Todo el que se ha acercado a Dios sale rebosando del amor que el Padre celestial nos transmite.

"El que no ama, no ha conocido a Dios; porque Dios es amor." 1Jn. 4.8

En la Escritura se nos dice que el amor de Dios consiste en el hecho de que ya Dios nos amó a nosotros, primero que nosotros lo amaramos a él. Dios nos ha amado primero, y la prueba de esto es que ha enviado a su hijo Jesucristo a perdonar nuestros pecados al morir en la cruz por nosotros, así nos lo manifiesta la palabra de Dios Todopoderoso.

"En esto consiste el amor: no en que nosotros hayamos amado a Dios, sino en que él nos amó a nosotros, y envió a su Hijo en propiciación por nuestros pecados." 1Jn.4.10

El hecho de que Dios es invisible a nuestros ojos significa que la única manera de demostrar que Dios está en nosotros y que nosotros estamos con él, es amándonos unos a otros. Si Dios está en nuestra vida debemos demostrárselo al mundo, y esa demostración es amándonos, puesto que como decíamos anteriormente el amor es el sello del cristiano, el amor es el núcleo de nuestra vida y es quien habla claramente de que en nosotros se encuentra Dios. No hay nada más convencedor de la presencia de Dios que el amor que reflejamos y brindamos a nuestros hermanos.

"Nadie ha visto jamás a Dios. Si nos amamos unos a otros, Dios permanece en nosotros, y su amor se ha perfeccionado en nosotros." 1Jn. 4.12

Los discípulos de Jesús aprendieron a amar. Jesús mismo les enseñó a que se amen unos a otros de la misma manera que él los amó. Los discípulos obedecieron a la enseñanza del Maestro y pusieron en práctica lo que el Señor les instruyó, por esa razón dicen ellos que han conocido y creído el amor que les fue transmitido y otorgado por su maestro.

"Y nosotros hemos conocido y creído el amor que Dios tiene para con nosotros. Dios es amor; y el que permanece en amor, permanece en Dios, y Dios en él." 1Jn. 4.16

Debido a que el Padre celestial nos ha amado de antemano estamos compelidos a amar también a nuestros hermanos y no practicar una falsa imitación de su amor. Tampoco podemos dejar de amar a nuestros semejantes, puesto que como nos dice el apóstol Juan, el que no ama a su hermano a quien ha visto, no puede amar a Dios a quien no ha visto. Queda claro entonces que los cristianos somos el pueblo escogido por el Señor Jesucristo para que llevemos el mensaje de salvación al mundo, para que prediquemos palabras de esperanza al mundo que se pierde y se aparta de Dios cada día y para que propaguemos la dicha del amor a toda la humanidad hasta que el Señor regrese por nosotros o nosotros vayamos a él. Reflexionemos, pues, en este hermoso versículo que encontrarán a continuación.

"Nosotros le amamos a él, porque él nos amó primero. Si alguno dice: Yo amo a Dios, y aborrece a su hermano, es mentiroso. Pues el que no ama a su hermano a quien ha visto, ¿cómo puede amar a Dios a quien no ha visto?" 1 Jn. 4.19,20

Preguntas para discutir en grupo o para reflexionar individualmente.

1. ¿Crees que el amor es necesario en nuestra vida? ¿Por qué?

2. ¿Muestra el universo cierto indicio o prueba del amor de Dios en algún aspecto de la creación? Enumere algunos ejemplos del amor de Dios con su creación.

3. ¿Por qué es tan importante que eduquemos a nuestros hijos en el amor?

4. Consideras que la violencia debe ser rechazada en su totalidad, porque no ha sido capaz de resolver los problemas que nos aquejan a diario?

5. ¿Cómo se vería el mundo si no hubiera amor en nuestro corazón?

6. ¿Habrá algo que sea más importante que el amor?

7. ¿Está de acuerdo en que el amor es la única fuerza capaz de echar fuera el odio y resolver los conflictos de la humanidad en todas sus dimensiones?

QUINTA PARTE

La salvación y la gracia

5.1 Bosquejo de esta sección.

Tópicos relevantes:

- La salvación viene exclusivamente de Dios. (Salmos 62.1)
- La elección de la salvación es un asunto de vida o muerte. (Mr.16.16)
- Jesús es el único que salva. (Lucas 19.10)
- Hay esperanza en Jesús. (Juan 3.17)
- Un medio efectivo para la salvación. (Hechos 2.21; 4.12; 16.31)
- El Evangelio es poder de Dios. (Romanos 1.16)
- El sacrificio salvífico de Cristo. (Romanos 5.7,8)
- Los excluidos de la salvación. (1Co. 6.9,10)
- Adán y Cristo. (1Co.15.22)
- Salvos por gracia. (Ef. 2.8,9; Fil.3.20; 2Tim. 1.9; Ti. 2.11,12)
- El rescate (Hebreos 9.28

Estos son los versículos bíblicos que hemos elegido para el estudio de este capítulo. Aparecen en el cuadro que ves a continuación y puedes usarlos para estudiarlos, con tu Biblia en manos. ¡No te quedes sin dedicarle tiempo al estudio de la Santa Palabra!

Cuadro con algunos versículos de la Escritura que nos enseñan sobre la salvación

Salmos 62.1	Marcos 16.16	Lucas 19.10	Juan 3.17
Juan 14.6	Hechos 2.21	Hechos 4.12	Hechos 16.31

Romanos 1.16	Romanos 5.7,8	1 corintios 6.9,10	1 corintios 15.22
Efesios 2.8,9	Filipenses 3.20	2 Timoteo 1.9	Tito 2.11,12
Hebreos 9.28			

5.2 ¿Qué es la salvación?

Antes de entrar en el desarrollo de este tema, queremos que tengan claro conocimiento de lo que significa la palabra Salvación. Podemos dar una definición resumida de la salvación tal como está en el diccionario, sin embargo, preferimos que la gente conozca lo que quiere decir la palabra salvación desde el punto de vista bíblico. **Conforme con la doctrina cristiana la salvación es la liberación, por la gracia de Dios, del castigo eterno por el pecado, la cual es concedida por Dios a aquellos que aceptan su necesidad de arrepentimiento, por la fe en el Señor Jesús.** La salvación se recibe únicamente a través de Jesucristo. Jn. 14.6, y solo Dios puede proveerla, nadie más puede otorgar la salvación. Hechos 4.12. Muchas personas nos consideran fanáticos cuando les decimos que únicamente Jesús es el Salvador de la humanidad, y nos preguntan por qué no puede serlo Buda, o Mahoma, o Confucio, u otro por ejemplo. Alguien me hizo esa pregunta hace unos días y yo le pregunté que a dónde esa persona va cuando está enferma, y me respondió que donde el médico, yo le pregunté por qué no va donde el abogado para que lo cure o donde un artista o un mecánico, y me respondió que los médicos son los que están facultados para atender a los enfermos y sanarlos. Entonces yo le respondí que lo mismo ocurre con Jesús: Sólo a él Dios lo facultó para salvar a los pecadores. Sólo él murió en la Cruz por ese propósito. Así de sencillo. La tarea de perdonar y salvar al mundo pecador solamente Jesús puede hacerla, nadie más tiene tal facultad.

5.2.1 -La salvación viene exclusivamente de Dios.

En el siguiente pasaje leemos lo que declara el salmista: "En Dios solamente confía mi alma, solo él me salva". Está muy bien fundamentada la confianza que tiene el salmista de que solo Dios es su refugio. Hoy en día vemos mucha gente rendirle culto y adoración a diferentes dioses, ídolos e imágenes. Existen personas que están inmersas en el ocultismo, la adivinación y la magia. Tales prácticas aunque sean ampliamente practicadas a nivel de todo el mundo, son unas prácticas paganas, sancionadas y prohibidas por la Biblia, y las mismas constituyen un pecado. Ningún evangelista, apóstol o profeta se atrevería a deshonrar al Dios Todopoderoso rindiéndole culto a los Ídolos. Por otra parte, el salmista reconoce que el Dios Omnipotente es digno y merecedor de toda honra y gloria. En su mente está bastante clara la idea de obedecer los mandamientos de la Ley de Dios Todopoderoso, tal como Moisés le enseñó al pueblo a obedecer su Ley.

"En Dios solamente está acallada mi alma; de él viene mi salvación." Sal. 62.1

5.2.2 La salvación es un asunto serio y decisivo.

Cuando el Señor Jesús resucitó, antes de ascender al cielo reunió a sus discípulos y les encomendó de manera precisa que la salvación aunque es gratuita tiene ciertos requisitos: Quien no crea y sea bautizada no la alcanzará. Esta no se trata de tener cierta influencia social ni de aparentar una mayor religiosidad que los demás; se trata de que hay que creer en Jesús como el Señor y Salvador, y entonces bautizarse. Solo así se es acto para alcanzar la salvación. Pero el que reúse creer y bautizarse no podrá entrar en el reino de los cielos.

"El que creyere y fuere bautizado, será salvo; mas el que no creyere, será condenado." Mr. 16.16

5.2.3 Jesús es el único que salva.

La Biblia dice que todos nosotros nos descarriamos como ovejas, pero el Señor llevó en él el pecado de todos nosotros. Sin ninguna duda tú y yo estábamos perdidos por la desobediencia de Adán y Eva, nuestros primeros padres. Habíamos perdido toda posibilidad de ver a Dios por nosotros mismos, pero Jesús hizo posible que tuviéramos un reencuentro con su Padre y a través de su sacrificio en la cruz del Calvario nos rescató y nos devolvió al Padre. Esta es la causa por la cual él dice en su palabra que él vino a buscar y a salvar lo que se había perdido. (nosotros).

"Porque el Hijo del Hombre vino a buscar y a salvar lo que se había perdido." Lc. 19.10

5.2.4 Hay esperanza en Jesús.

Muchas personas poseen una idea equivocada acerca de la naturaleza de Dios y de su carácter. Creen que el Dios del Antiguo Testamento es un verdugo, o lo relacionan con alguien sin misericordia e injusto, pero no hay nada en todo el mundo que esté más lejos de la realidad que ese concepto. Cuando nosotros estudiamos el carácter de Dios nos damos cuenta de que su justicia está en primer lugar, y que todo lo que hace lo realiza conforme a lo que es justo tal y como debe ser. Cuando leemos algún pasaje de la Escritura y no entendemos lo que la Biblia está diciendo debemos asegurarnos de que preguntemos a alguien que tenga mayor entendimiento de su palabra que nosotros, como a un pastor o a un teólogo, pero nunca debemos quedarnos con una duda acerca del carácter y la naturaleza del Creador, dado que no es prudente de nuestra parte culpar a Dios por un mal entendimiento de nuestra mente. Por otra parte, cuando analizamos el capítulo 3 del evangelio de Juan, notamos claramente que el propósito de Jesús haber venido al mundo es **salvar a la humanidad,** Jesús no vino a condenarnos; él vino a salvarnos y a dar su vida para que podamos tener el pasaporte de entrada al cielo, y morar allí con él en el seno de su padre. El regalo de Dios para la humanidad se hace presente en la persona de Jesús.

"Porque no envió Dios a su Hijo al mundo para condenar al mundo, sino para que el mundo sea salvo por él." Jn. 3.17

5.2.5 Un medio efectivo para la salvación.

Otra vez la Escritura nos hace reflexionar acerca de la efectividad del sacrificio de Cristo para la salvación del mundo, y su gracia nos basta para alcanzar la bendición que el Eterno Padre designó para nosotros su pueblo escogido. El apóstol Pedro dijo en su discurso público del día de Pentecostés que la salvación se obtiene a través de Jesucristo. Veamos el siguiente versículo:

"Y todo aquel que invocare el nombre del Señor, será salvo." Hch. 2.21

En el siguiente pasaje podemos notar la seguridad que tiene Pedro cuando expresa que no hay salvación en nadie más, sino en Jesús. Y no solo el apóstol Pedro sustentaba de que la salvación está solamente en Cristo, sino también todos los demás apóstoles sustentaban los mismos principios y la misma convicción de que solo Jesús le trae salvación y vida eterna a la humanidad, independientemente de lo que se atribuyan otros maestros de diferentes religiones. Debe quedar claro pues, de que solo Jesús el Hijo de Dios nos salva de la maldición del pecado y de la condenación eterna.

"Y en ningún otro hay salvación; porque no hay otro nombre bajo el cielo, dado a los hombres, en que podamos ser salvos." Hch. 4.12

Toda nuestra familia puede ser salva mediante la fe en el Señor Jesucristo. Esta es una buena noticia. Hace dos mil años los apóstoles anunciaron esta verdad y hoy en nuestros días esta promesa de salvación está al alcance de todos. Vivimos en un mundo lleno de conflictos, de angustia y confusión, de mentiras y falsedades, de desesperanza y pánico, pero aún queda una esperanza en Cristo Jesús para el mundo. Nuestra fe en él nos mantiene con una nueva perspectiva y un horizonte definido que se dirige hacia nuestra redención.

"Ellos dijeron: Cree en el Señor Jesucristo, y serás salvo, tú y tu casa." Hch. 16.31

5.2.6 El Evangelio es poder de Dios.

En el mundo existen muchas cosas valiosas. La gente ama todo lo que tenga cierto valor. El valor que les asignamos a algo es una de las causas por las que la gente persigue un determinado bien. Por ejemplo, a la gente le gusta el oro porque vale mucho. Apreciamos un diamante, un anillo fino, un reloj o cualquier prenda que posea algún valor económico, y aunque dé pena decirlo, muchas personas aprecian a otras por lo que ven que esa persona tiene. Si la persona tiene bienes económicos, como casa propia, buen vehículo, buena vestimenta, buenos títulos académicos, alguna empresa, una buena posición social, etcétera, entonces dicha persona tendrá una gran aceptación por parte de los demás. Lamentablemente la gente vale de acuerdo con lo que tenga. Pero escasas personas se fijan en el valor espiritual de alguien. Triste, ¿verdad? Pues los valores morales y espirituales ya no son las cosas que a la gente les interesa, pero no es así como los hombres y mujeres de Dios visualizan el mundo. Para los apóstoles lo más precioso y lo que más valor tiene es el Evangelio. Dice Pablo que él no se avergüenza del Evangelio porque el mismo es poder de Dios para que todo aquel que cree en Jesús sea salvo, y es precisamente lo que más valor tiene para los hijos de Dios, lo que está enfocado hacia el Evangelio del reino de Dios. El Evangelio de Jesucristo es para todo aquel que lo desee. Ya no es solo para los judíos sino también para los griegos, es decir para los gentiles, que somos nosotros.

"Porque no me avergüenzo del evangelio, porque es poder de Dios para salvación a todo aquel que cree; al judío primeramente, y también al griego." Ro. 1.16

5.2.7 El sacrificio salvífico de Cristo.

El amor de Jesús sobrepasa todos los amores y no hay un amor tan completo y sublime como el de él. Al leer Romanos capítulo 5 entendemos que este amor no tiene fronteras. Nadie quiere morir por nadie que sea bueno, mucho menos por un malvado. Todos rehusamos dar nuestra vida por otro, pero Jesús mostró lo especial que es su amor: Siendo nosotros inmerecedores de su sacrificio, siendo pecadores y malévolos, habiéndonos apartado de nuestro creador, estando nosotros de espalda a Dios, viviendo en deleites y pecados, con todo esto, Cristo murió por nosotros. Esa es la muestra más grande de su amor por la humanidad, morir por un grupo de perversos y pecadores. Así lo describe el autor de la epístola a los Romanos.

"Ciertamente, apenas morirá alguno por un justo; con todo, pudiera ser que alguno osara morir por el bueno. Mas Dios muestra su amor para con nosotros, en que siendo aún pecadores, Cristo murió por nosotros." Ro. 5.7,8

5.2.8 Los que estarán excluidos de la salvación.

En los siguientes versículos de las Escrituras se enumeran diez tipos de personas que no son aptas para entrar en el reino de Dios. La podrida o putrefacta sociedad de hoy ha igualado todas las cosas por igual. El plan de Dios y su diseño original ha sido borrado o eliminado de los estándares de esta sociedad, hasta tal punto de perseguir a los que seguimos los mandamientos del Creador y de nombrarnos tradicionales o atrasados mentales. Hay muchos que se enorgullecen de decir que estamos en el siglo veintiuno, como si la esencia o el carácter de Dios cambiara al paso de los tiempos. Estos sistemas corrompidos quieren eliminar a Dios de todos los estratos de la sociedad, y lo quieren lograr atacando su palabra la Biblia, blasfemando a Jesús y distorsionando lo que dicen las Escrituras al mismo tiempo que quieren restarle valor a los verdaderos hijos de Dios. Esta sociedad quiere convertir en burlas al Evangelio de Jesucristo, han inundado las actuales redes sociales de propagandas sucias en contra de la verdad, en contra de la Biblia y su santa doctrina, han aparecido miles de supuestos investigadores que quieren desmentir la infalible palabra de Dios. Todo esto que estamos viviendo apunta a un desplome fatal de nuestros derechos a adorar al Creador del universo. Las leyes de casi todos los países están reconociendo el matrimonio entre homosexuales, se legisla a favor del aborto, como si la vida no tuviera ningún valor, se quiere callar la voz del pueblo de Dios, se violan los derechos de los envejecientes, se persigue a todo aquel que se pronuncie en contra de todas esas aberraciones, se nos prohíbe hablar de Dios en nuestros lugares de trabajo y se saca la Biblia de las escuelas. Estamos frente a una verdadera persecución religiosa. Sin embargo, la palabra de Dios no puede ser sustituida por nada ni por nadie y mantiene firme lo que en ella se escribió. Observemos con detenimiento lo que dicen los versículos que siguen a continuación.

"¿No sabéis que los injustos no heredarán el reino de Dios? No erréis, ni los fornicarios, ni los idólatras, ni los adúlteros, ni los afeminados, ni los que se echan con varones, ni los ladrones, ni los avaros, ni los borrachos, ni los maldicientes, ni los estafadores, heredarán el reino de Dios." 1Co. 6.9,10

5.2.9 Adán y Cristo.

La Biblia nos habla de que de la misma manera que Adán trajo consigo la muerte por su desobediencia, así también en Cristo recobraremos la vida todos nosotros y seremos vivificados. Adán es tipo del antitipo que habría de venir, el cual es Cristo. Adán representa al hombre imperfecto, pecador, humano, terrenal, mientras que Cristo es la imagen del hombre perfecto, espiritual, celestial, exaltado y santo, a quien se le asigna la tarea de la redención de la raza humana, para pasarnos de la muerte a la vida.

"Porque así como en Adán todos mueren, también en Cristo todos serán vivificados." 1Co.15. 22

5.3 Salvos por gracia.

Según nos enseña la Biblia todos nosotros somos salvos por la gracia de Dios. En muchas ocasiones escuchamos personas justificarse por el hecho de ser aparentemente buenas personas, y de hecho a simple vista lo son. Esas personas tienen una conducta moral intachable, son dadivosas, ayudan a su prójimo, dan un buen ejemplo a sus hijos y a su familia y vecinos, se ganan el pan con el sudor de su frente, y no le hacen mal a nadie. Todo parece que tienen el cielo ganado y podemos pensar que ellos no necesitan arrepentirse de nada porque todo anda bien. Sabemos que las personas que son así son unas bellas personas, pero eso es en cuanto a lo que se refiere a la convivencia social. En el plano espiritual la Biblia dice que somos salvos por la fe. Nadie puede gloriarse de las obras que realice, la salvación se logra por la fe que tengamos en el Señor Jesucristo; no por obras. Entonces, por más buena que sea una persona, la misma no se salva por las obras que haga. Las obras son buenas, pero no salvan. El que salva es Jesucristo, una vez que lo hemos aceptado como nuestro Salvador y le entregamos nuestro corazón para que él more dentro de nosotros, solo así somos nacidos de nuevo y nos convertimos en sus hijos.

"Porque por gracia sois salvos por medio de la fe; y esto no de vosotros, pues es don de Dios; no por obras, para que nadie se gloríe." Ef. 2.8,9

Todos nosotros mientras vivimos aquí en la tierra nos esforzamos por hacernos ciudadanos del reino de los cielos. En todos los países del mundo para que una persona extranjera pueda obtener una ciudadanía debe cumplir con una serie de requisitos que dependen del país del que se trate, puesto que cada Estado o nación tiene sus propias leyes. Nunca se hace ciudadano a alguien que no tenga una moral intachable y cumpla con todos los aspectos legales del país del cual quiere ser ciudadano, así como conocer las leyes de ese país y haber vivido cierta cantidad de tiempo en esa nación, entre otros requisitos. En la carta a los filipenses Pablo nos dice que nuestra ciudadanía es de los cielos. Para ser ciudadano de los cielos también se debe cumplir con ciertos requisitos que son las leyes que Dios ha establecido y que nosotros debemos acatar o cumplir, las cuales, aunque no tenemos que pagar nada de dinero, debemos de someternos a la obediencia que nos lleva al Señor Jesús, y aceptarlo en nuestro corazón como Señor de nuestra vida.

"Mas nuestra ciudadanía está en los cielos, de donde también esperamos al Salvador, al Señor Jesucristo." Fil. 3.20

Aunque en la Biblia no se materializa la doctrina de la predestinación, en ciertos aspectos de las Escritura podemos ver que desde antes que nosotros naciéramos ya Dios tenía en sus planes nuestra salvación. Dice la Palabra que Dios nos llamó con un llamamiento santo que no es conforme a nuestras obras sino según su propósito. No se trata de una predestinación porque este llamado no se trata de que Dios nos ha salvado aunque hagamos lo que hagamos, se trata más bien de que nuestro llamado y nuestra salvación Dios los puso en agenda desde el comienzo de la creación. El eterno Dios nos ama tanto que no quiere que ninguno se pierda sino que seamos salvos y gocemos de la vida eterna que él nos da en la persona de Jesucristo.

"Quien nos salvó y llamó con llamamiento santo, no conforme a nuestras obras, sino según el propósito suyo y la gracia que nos fue dada en Cristo Jesús antes de los tiempos de los siglos." 2 Tim. 1.9

Como podemos ver, la gracia divina ha sido dada a todos por igual. El Espíritu Santo pone al alcance de todos la oportunidad de la salvación. A través de la gracia de Dios aprendemos que debemos renunciar a la impiedad y a los deseos mundanos y vivir de una manera consagrada al Señor, de manera sobria, practicando la justicia y la piedad, como les corresponde a los hijos verdaderos del Dios Todopoderoso. La vida consagrada debe ser una vida de renuncia a los deseos mundanos que son los que se oponen a la voluntad del Padre de la gloria.

"Porque la gracia de Dios se ha manifestado para salvación a todos los hombres, enseñándonos que, renunciando a la impiedad y a los deseos mundanos, vivamos en este siglo sobria, justa y piadosamente." Ti. 2.11,12

5.3.1 El rescate.

Ya sabemos que el Señor Jesús ha venido como un regalo propicio para limpiar nuestros pecados y llevarnos ante la presencia de Dios. No nos debe quedar ninguna duda de que no estamos solos. Los seres humanos no estamos huérfanos, sino que tenemos a un amoroso redentor que fue ofrecido una sola vez para quitar nuestros pecados y además, vendrá por segunda vez, no teniendo relación alguna con el pecado, es decir, santo y puro, para darles a todos los que esperan su segunda venida la salvación de todos sus pecados. Pedimos que el Dios del cielo abra nuestro entendimiento para que le permitamos al Señor Jesús ser el dueño de nuestra vida y que podamos hacer la voluntad del Padre Todopoderoso.

"Así también Cristo fue ofrecido una sola vez para llevar los pecados de muchos; y aparecerá por segunda vez, sin relación con el pecado, para salvar a los que le esperan." He. 9.28

Todo indica que la salvación se encuentra únicamente en la persona de Cristo. No se ha encontrado ni un solo pasaje de la Biblia que señale que exista posibilidad alguna de salvación fuera de los brazos del Maestro de Galilea, el que murió en la cruz por cada uno de nosotros. Te extendemos la invitación de venir a él y convertirte en su hijo, para que seas partícipe de este hermoso regalo de la salvación, la cual nos otorga la vida eterna una vez que aceptamos al Hijo de Dios como nuestro único salvador.

Hasta el momento hemos estudiado diferentes pasajes de la Escritura que nos han enseñado grandes verdades sobre el tema de la salvación. Damos gracias a Dios por su amor y misericordia hacia cada persona del planeta Tierra, y os invitamos a continuar con el estudio de su bendita palabra, en la próxima sección que presentamos a continuación, donde estaremos estudiando otro importante tema de la Biblia. Esperamos que tu vida reciba mucha bendición y que hayas aprendido bastante del tema de la salvación. Al mismo tiempo esperamos que estés despertando el interés por estar en comunión con Dios y buscar ansiosamente hacer su voluntad. En el nombre poderoso de Jesús. Amén.

SEXTA PARTE

Vida Eterna

6.1 Bosquejo de esta sección.

Tópicos de relevancia: Aquí en esta sección aprenderás lo siguiente:

- ¿Qué es la vida eterna? Jn.17.3
- ¿En qué consiste la vida eterna? Jn.10.28-30
- ¿Cuándo comienza la vida eterna? Jn.3.16
- ¿Cómo podemos tener vida eterna? Jn.3.36; Jn.3.16
- ¿Quién es el único que nos puede dar vida eterna? Ro. 6.23; 1Jn.5.11

Versículos Bíblicos sobre vida eterna.

Juan 3.16	Juan 3.36	Juan 6.27	Juan 10.28-30
Juan 17.3	Romanos 5.21	Romanos 6.23	1 Timoteo 1.16
2 Timoteo 2.11	1 Pedro 5.10	1 Juan 5.11	1 Juan 5.13
1 Juan 5.20	Apocalipsis 7.16,17		

Deseamos que tomes un momento de tu tiempo personal para hablar con Dios leyendo los versículos que te dejamos en el cuadro anterior, y de esa manera profundizar en el conocimiento de la bendita palabra del Eterno. Es nuestro anhelo que puedas encontrar paz con Dios y fortaleza espiritual a través del conocimiento de la Biblia.

6.2 Qué es la vida eterna.

La vida eterna es un don de Dios que se otorga solamente a través de Jesús. Esto significa que nadie puede tener vida eterna si no cree en Jesús el Mesías. De acuerdo con lo que nos dice la Biblia en Romanos 6.23 hay un contraste entre vida eterna y muerte; la vida eterna está en Cristo y la muerte viene como paga por el pecado. La vida eterna viene a aquellas personas que creen en el Señor Jesucristo como su Salvador, porque él es la resurrección y la vida, y el que cree en él, aunque esté muerto, vivirá. Jn. 11.25. Cuando decimos vida eterna nos referimos a una vida que es perpetua, una vida que continúa para siempre y que no tiene un final. La vida eterna es una vida que está fuera de los límites del tiempo. Es también una vida de calidad y de satisfacción.

La vida eterna no comienza cuando la persona muere. La vida eterna comienza en el mismo instante cuando conocemos al Señor Jesucristo y lo aceptamos como nuestro Salvador y Redentor. En ese momento comenzamos a tener vida eterna, es decir que se puede pensar de la vida eterna como algo que los cristianos experimentan ahora, en el tiempo presente, en el mismo momento en que una persona ejercita su fe en Cristo Jesús. La Biblia relaciona estrechamente la vida eterna con la persona de Jesús. Casi todos los versículos de la palabra sagrada que hablan de vida eterna presentan también la relación de esta con Jesús, y esto se debe a que únicamente hay vida eterna en Jesús, y nadie puede tener dicha vida sin él. En (Jn. 17.3) Jesús ora y dice: "Y esta es la vida eterna: que te conozcan a ti, el único Dios verdadero, y a Jesucristo, a quien has enviado". En este contexto, la vida eterna significa conocimiento de Dios y de su Hijo Jesús.

Para saber si usted tiene vida eterna lo primero que debes hacer es confesar sus pecados delante de Dios, puesto que todos somos pecadores. Luego, acepte al Salvador que Dios ha provisto para salvarle de sus pecados, el tercer paso es creer en estas buenas nuevas: Que Jesús, el Hijo de Dios, murió por nuestros pecados y resucitó de entre los muertos al tercer día, de acuerdo con las Escrituras. Entonces confíe en el Señor Jesucristo como su salvador personal, y será salvo. Hechos 16:31 Asimismo, el apóstol Juan lo expresa de una manera simple: "Dios nos ha dado vida eterna; y esta vida está en su Hijo. El que tiene al Hijo, tiene la vida; el que no tiene al Hijo de Dios no tiene la vida". (1 Jn. 5: 11,12).

El amor más grande que existe nos lo ha dado Dios como una demostración de cuánto él nos ama. Al darnos a su Hijo unigénito para que muera por nosotros, demostró que nadie puede tener un amor más grande que ese. El que da su vida por alguien no hay ninguna medida que pueda medir la magnitud de su amor, y eso es precisamente lo que hizo Jesús cuando murió en la cruz por todos. Él demostró que posee el amor más grande del universo. Así lo expresa el capítulo 3, versículo 16 del Evangelio de Juan.

"Porque de tal manera amó Dios al mundo, que ha dado a su Hijo unigénito, para que todo aquel que en él cree, no se pierda, mas tenga vida eterna." (Jn. 3.16)

La palabra de Dios es muy precisa cuando dice que el que cree en el Hijo (Jesús), tiene vida eterna, pero el que no cree en el Hijo, no solo está excluido de la vida, sino que cargará en sus hombros la ira de Dios. Es momento de que la gente se tome en serio el destino de su vida después de la muerte. El tiempo se acaba y no hay lugar alguno para desperdiciar la oportunidad de salvación que Dios nos ha concedido. Si después de esta vida ya no tendremos oportunidad de buscar de Dios, eso significa que debemos tomar muy en serio lo que seremos después de morir. Entonces no entiendo por qué razón hay muchas personas que le restan importancia al tema de la salvación, y se toman livianamente su destino final. Es hora de que el que se halle durmiendo despierte y se ponga en la fila para el encuentro con Dios.

"El que cree en el Hijo tiene vida eterna; pero el que rehúsa creer en el Hijo no verá la vida, sino que la ira de Dios está sobre él." Jn.3.36

Después de que el pecado entró en el mundo Dios nos ha dado el mandato de trabajar para nuestro sustento y el de nuestra familia. El trabajo nunca ha sido pecado, y como es un mandato de Dios nosotros debemos trabajar porque así de esa manera no somos una carga a los demás, sin embargo, aunque hay muchísima gente que le dedican casi todo su tiempo al trabajo, la biblia nos indica que no debemos trabajar por la comida que perece sino por la que nos lleva a la vida eterna. Este es un punto importante. La iglesia debe trabajar en la propagación del evangelio, haciendo que aquellos que no son salvos puedan lograr la salvación y la vida eterna, y ser parte del reino de los cielos. A este trabajo que hace la iglesia para ganar las almas para Dios se le llama la comida espiritual, aquella que permanece hasta alcanzar la vida eterna. No es una comida pasajera ni perecedera; es una comida que nos coloca en el camino hacia el cielo, y eso en la agenda de Dios es muy importante.

"Trabajad, no por la comida que perece, sino por la comida que a vida eterna permanece, la cual el Hijo del Hombre os dará; porque a éste señaló Dios el Padre." Jn.6.27

6.3 ¿En qué consiste la vida eterna?

La vida eterna, de acuerdo con la Biblia, consiste en que conozcamos a Dios, el único Dios verdadero, y a Jesucristo, a quien Dios ha enviado. Nuestro precioso salvador es quien nos ha dado vida eterna, quitando de nosotros la muerte por causa del pecado, para que no perezcamos jamás, de manera que ya nadie puede quitarnos esa vida que el Hijo nos ha dado, porque una vez que hemos sido salvos, nuestra salvación está guardada en las manos del Padre.

"Y yo les doy vida eterna; y no perecerán jamás, ni nadie las arrebatará de mi mano. Mi Padre que me las dio, es mayor que todos, y nadie las puede arrebatar de la mano de mi Padre. Yo y el Padre uno somos." Jn.10.28-30

Jesús nos lleva a conocer a su padre para que tengamos vida eterna. El siguiente contexto nos lleva a considerar que la vida que recibimos al conocer a Dios y al Señor Jesucristo tiene mucho que ver con el conocimiento espiritual del Dios Todopoderoso y de Nuestro Señor Jesucristo. Al estudiar con atención su palabra podemos comprender mejor el tema de la vida eterna y ya nadie puede engañarnos ni arrebatarnos de las manos de nuestro amoroso Padre celestial.

"Y esta es la vida eterna: que te conozcan a ti, el único Dios verdadero, y a Jesucristo, a quien has enviado." Jn.17.3

Cuando el pecado vino a los hombres, con él reinó la muerte también, y entonces perdimos nuestra comunión con Dios, esa comunión con la que vivían Adán y Eva cuando fueron creados, pero resulta que cuando volvemos nuestro corazón a Cristo entonces la gracia de Dios reina por la justicia, derrotando al imperio del pecado y de la muerte, y pasamos a poseer la vida eterna que se nos otorga por medio de Jesús.

"Para que así como el pecado reinó para muerte, así también la gracia reine por la justicia para vida eterna mediante Jesucristo, Señor nuestro." Ro.5.21

Al vivir bajo el dominio del pecado, morimos en sentido espiritual. Nuestro Padre Dios nos concede conocer por la palabra a su Hijo Jesús, y éste automáticamente nos transfiere la vida eterna que se encuentra solo en él. Así, cuando pertenecemos a su Hijo, somos contados como pueblo escogido y real sacerdotes, y podemos anunciar las virtudes de nuestro salvador que nos redimió de la esclavitud del pecado.

"Porque la paga del pecado es muerte, mas la dádiva de Dios es vida eterna en Cristo Jesús Señor nuestro." Ro. 6.23

"Pero por esto fui recibido a misericordia, para que Jesucristo mostrase en mí el primero toda su clemencia, para ejemplo de los que habrían de creer en él para vida eterna." 1Ti. 1.16

6.4 ¿Cuándo comienza la vida eterna?

Es imprescindible que sepamos que la vida eterna comienza en el momento mismo cuando reconocemos a Jesús como nuestro Salvador. La vida eterna no comienza después que morimos sino cuando nacemos espiritualmente, en el momento que entregamos nuestra vida en las manos de nuestro Redentor y Señor Jesucristo. **Jn. 3.16**

"Palabra fiel es esta: Si somos muertos con él, también viviremos con él." 2 Ti. 2.11

Es posible que los cristianos pasemos por pruebas y sufrimientos al entregar nuestra vida al Maestro, pero Dios mismo nos dará fortaleza para enfrentar los desafíos del enemigo de nuestra alma. Dios nos da fuerza, nos afirma en la fe, nos establece como su pueblo y también nos perfecciona para capacitarnos de tal manera que seamos un testimonio viviente de lo que él ha hecho con nosotros y transmitir su luz a los que viven en la oscuridad.

"Mas el Dios de toda gracia, que nos llamó a su gloria eterna en Jesucristo, después que hayáis padecido un poco de tiempo, él mismo os perfeccione, afirme, fortalezca y establezca." 1Pe. 5.10

Leemos una vez más su santa Palabra y nos damos cuenta de que la vida que ahora tenemos es producto del regalo que nos ha dado nuestro Señor Jesucristo. Ahora tenemos vida eterna la cual viene de parte de Dios, pero esta nueva vida eterna que poseemos se encuentra solamente en su Hijo Jesús.

"Y este es el testimonio: que Dios nos ha dado vida eterna; y esta vida está en su Hijo." 1Jn.5.11

Al creer en el nombre del Dios engendrado, de aquel que se hizo carne, heredamos de él la vida eterna que su padre puso en él para que le fuera transferida a sus hijos. No debemos tener duda acerca de si tenemos o no vida eterna, lo importante en todo caso es que le entreguemos nuestra vida por completo a Jesús, hagamos confesión de nuestros pecados, reconozcamos que somos pecadores y le abramos nuestro corazón a Jesús. Si hemos hecho eso entonces no hay por qué temer. Su vida la tenemos también nosotros.

"Estas cosas os he escrito a vosotros que creéis en el nombre del Hijo de Dios, para que sepáis que tenéis vida eterna, y para que creáis en el nombre del Hijo de Dios." 1 Jn. 5.13

El apóstol Juan tenía una plena seguridad de su salvación, algo que nos debe interesar también a nosotros. El cristiano verdadero no tiene que vacilar de su salvación. Esta se encuentra asegurada en Cristo. No hay otro salvador fuera de él. Debemos tener una seguridad plena de que Jesucristo es el verdadero Dios y es también la vida eterna.

"Pero sabemos que el Hijo de Dios ha venido, y nos ha dado entendimiento para conocer al que es verdadero; y estamos en el verdadero, en su Hijo Jesucristo. Este es el verdadero Dios y la vida eterna." 1Jn.5.20

Cuando estemos en la nueva Jerusalén tendremos una vida maravillosa. Tendremos una vida que nunca la habíamos tenido antes. Esta será el disfrute de la vida eterna. Allí, en la nueva ciudad que el Padre Dios Todopoderoso nos dará no tendremos hambre, no habrá pestes ni enfermedades, no sufriremos de sed, el sol no nos quemará jamás, porque ya no tendremos necesidad de calor alguno, pero tampoco tendremos frio porque Dios estará con nosotros y él suplirá todo lo necesario para nuestro bienestar. Seremos pastoreados y cuidados por el mismo Jesús, él nos guiará a fuentes deliciosas de aguas de vida y el mismo Dios enjugará toda lágrima de nuestros ojos, aquellas productos de las calamidades que padecimos en esta tierra, para que jamás haya lágrimas en nuestros ojos. Esta vida eterna será una delicia para siempre, en las manos de nuestro Dios estaremos y ya no habrá ningún tipo de aflicción ni de tormento. Apocalipsis 7.16-17 nos da una idea sobre cómo viviremos en la vida eterna. Ahora le pregunto a usted, amigo lector: ¿No le gustaría formar parte de esta maravillosa comunidad del Señor Jesucristo, y poder gozar de la vida eterna que él nos ofrece? ¡Le invito a animarse y sumarse a esta gran familia! Échele una Ojeada al siguiente versículo de la Sagrada Escritura que escribimos a continuación.

"Ya no tendrán hambre ni sed, y el sol no caerá más sobre ellos, ni calor alguno; porque el Cordero que está en medio del trono los pastoreará, y los guiará a fuentes de aguas de vida; y Dios enjugará toda lágrima de los ojos de ellos." Ap. 7.16,17

SECCIÓN DE ESTUDIOS BÍBLICOS

A continuación presentamos una selección de estudios bíblicos de temas doctrinales diversos. Hemos incluido algunos estudios que han sido seleccionados con la finalidad de que sean impartidos en la iglesia, en grupos de personas en los hogares o en cualquier lugar donde sea necesario estudiar temas de la Biblia, o simplemente pueden ser usados para el estudio individual y personal de la Palabra de Dios, y que sirvan para adquirir conocimiento de la vida en Cristo y de los temas que a nuestro entender todo cristiano debe saber.

Esta sección de estudios bíblicos está formada por un conjunto de doce (12) temas que se pueden considerar como la base doctrinal de todo creyente. Esperamos que el estudio minucioso y responsable de los temas teológicos que aquí presentamos puedan servir para el crecimiento espiritual de nuestros lectores y de cada hermano en particular.

Es nuestro deseo que al estudiar la palabra de Dios la vida espiritual de cada lector encuentra respuestas a muchas de sus interrogantes y que su relación con Dios pueda ser gratificante y muy satisfactoria.

Con gozo esperamos que este material sea de mucha bendición y crecimiento espiritual que les permita honrar el bendito nombre de nuestra amado Dios y de nuestro Salvador Jesucristo. Es nuestro deseo también de que cada persona sienta la necesidad de conocer a profundidad la Palabra de Dios, para estar firme contra los engaños del enemigo, y porque nuestro Señor nos manda a escudriñar las escrituras, porque en ellas os parece que tenéis la vida eterna. Shalom!

En la segunda carta del apóstol Pablo a Timoteo, encontramos un extracto condensado del carácter espiritual de Pablo. Las palabras que leemos en ese pasaje nos permiten formularnos una idea del verdadero estilo de vida de un cristiano. Esta conformidad con Dios que exhibe el Apóstol nos deja una seria y profunda enseñanza, que ojalá toda persona que ejerce fe en Jesús pueda seguir este ejemplo. Según lo expresado por Pablo, para el cristiano verdadero la muerte no es algo que detenga nuestra carrera. Lo importante es que, al igual que el apóstol, hayamos peleado la buena batalla. Cada hijo de Dios debe esforzarse por acabar la carrera. No es bueno que nos quedemos a media, el trabajo debemos terminarlo, para que podamos llevarnos el premio, esa corona que nos pondrá Jesús nuestro Señor. Es en ese caso cuando la fe se convierte en protagonista. Nadie puede terminar este trabajo que se nos ha encomendado, si nos falta el combustible de la fe. Esta es primordial y esencial para la culminación de la carrera que estamos ejerciendo en la vida cristiana donde el evangelio de la gracia tiene tanto que aportarle al mundo. La madurez con la que el apóstol de los gentiles se expresa nos enseña algo muy importante en el sentido de que Jesucristo, el juez justo, premia cada esfuerzo que hagamos por extender su Evangelio a toda criatura. Se destacan en la declaración de Pablo tres verdades importantes que debemos saber: primero, el cristiano verdadero debe pelear la buena batalla, lo que significa que no debemos abandonar el evangelio cuando somos atacados por los problemas y las dificultades. Segundo, el cristiano auténtico debe guardar la fe, lo que significa que no debemos apostatar, negar, renunciar o hablar mal de nuestra fe cuando el enemigo nos bombardea y tercero, el verdadero hijo de Dios, nacido de nuevo por el poder de la Palabra, debe acabar la carrera, es decir, no abandonar o renunciar cuando estamos por la mitad del camino. Esta carrera de seguir a Jesús tenemos que terminarla. Solo cuando la terminamos es que se nos otorga el premio por el que nos hemos esforzado. Así lo expresó el apóstol Pablo con las siguientes palabras:

"Yo ya estoy próximo a ser sacrificado. El tiempo de mi partida está cercano. He peleado la buena batalla, he acabado la carrera, he guardado la fe. Por lo demás, me está reservada la corona de justicia, la cual me dará el Señor, juez justo, en aquel día; y no solo a mí, sino también a todos los que aman su venida" **2 Timoteo 4: 6-8**

A continuación presentamos una lista de personas que tuvieron una estrecha relación con Dios. Al igual que Pablo ellos enfrentaron dificultades en su vida como hijos de Dios, pero todos ellos pelearon la buena batalla de la fe y ganaron la corona. Todos se hallan en la presencia de Dios hoy. Ninguno de ellos se perdió. Estas personas que verás a continuación tuvieron una vida semejante a la nuestra, dependían de Dios, escuchaban a Dios y se guiaban por su palabra, pasaron por tormentas y dificultades, pero nos dejaron como ejemplo que fueron todos vencedores. Si ellos pelearon la buena batalla de la fe y la ganaron eso significa que también nosotros podemos hacer lo mismo. El mundo en el que ellos nacieron y vivieron tenia los mismos pro y contra que el nuestro de hoy en día, por lo que no hay nada que ellos hayan hecho que nosotros no podamos hacerlo también. Solo tenemos que poner al servicio de Dios nuestra vida y tener fe en el Salvador de nuestra vida.

Como parte de tu trabajo de estudiar la Biblia y aprender su enseñanza y las promesas que Dios nos presenta en sus páginas, queremos exhortarte a que escudriñes las Escrituras, encuentres los pasajes que hablan de cada uno de estos personajes y pienses en alguna cualidad que ellos tuvieron. Puede ser alguna experiencia especial que realizaron, o a lo que se enfrentaron, o por la manera como fue ejercida su fe, o por otro detalle que te llame la atención. Así que encuentras el pasaje bíblico donde aparecen estas personas en acción y menciona algunas condiciones de ellos que los hicieron merecedores de la salvación eterna. Por ejemplo, puedes decir que Noé fue salvo por haberle creído a Dios y haberle obedecido haciendo lo que Dios le mandó hacer, o también puedes decir que Job le agradó a Dios porque era un hombre apartado del mal, y así sucesivamente.

Si te fijas atentamente en las Escrituras te darás cuenta de que ellas son un manantial que contiene muchos personajes que nos han dejado un buen ejemplo a seguir. Es impresionante ver los ejemplos de Isaías, Ezequiel, Daniel, Juan el Bautista, Jesús, Pedro, Pablo, Timoteo, Mateo, y otros más cuya vida es un modelo que se debe seguir. En cada paso que damos por esta vida terrenal, vamos aprendiendo siempre algo nuevo, y las Escrituras son el manual ideal para aprender de ella. Allí es donde está la palabra de Dios y donde él nos ha dejado el mensaje apropiado. Por esta causa, debemos de hacer de la lectura de la Biblia nuestro pan de cada día y seguir siempre sus buenos consejos. Estemos seguros de que el hombre que vive haciendo la voluntad de Dios expresada en su bendita palabra, nunca le faltará la bendición del Altísimo, y será como árbol plantado junto a corriente de agua, que da su fruto en su tiempo y su hoja nunca cae. Que el Eterno Dios de Israel derrame bendición sobre tu vida ahora y siempre.

Personajes importantes de la Biblia

Personajes	Características	Referencias Bíblicas
Abraham		**Gn. 11:26,29; 31-32**
Moisés		**Ex.2:1; 6:20; 6:2-13,28**
David		**1 S. 16:1-13; 2 S. 5.1-5**
Elías		**1 R.17:1, 8-24; Cap. 18**
Noé		**Gn. 6:9; 7:1**
Eliseo		**1 R.19:19-21;2R.13-25**
Jacob		**Gn.25:22-34; caps.27-31**
José		**Gn. 30:22-24; 37:1-11**
Job		**Job 1:1**
Pedro		**Jn.1:44; Mc.1:21-30; Mt.16:16; Jn.21:1-23**
Pablo		**Hch.13:9;7:58-8:3; Filip. 3:4-6; Hech. 9**

A continuación veremos algunos datos importantes acerca de la vida de estos personajes bíblicos. Siguiendo las referencias bíblicas que te hemos presentado en el cuadro anterior, escribe alguna característica de estos personajes famosos de la Biblia. Por ejemplo, te presentamos un ejemplo de dos de ellos, (Job y Noé). Puedes también buscar en tu biblia otros versículos sobre su vida y obras.

Características especiales:

Job. El primer capítulo del libro de Job, en el versículo uno, se da una breve descripción del personaje de Job. El texto dice lo siguiente acerca de dicho personaje:

- Era un hombre perfecto.
- Era un hombre recto.
- Era un hombre temeroso de Dios.
- Era un hombre apartado del mal.

Noé. De acuerdo con lo que expresa el capítulo 6, versículo 9 del libro de Génesis y el versículo 1 del capítulo 7 de dicho libro, estas son las características de Noé:

- Era un hombre justo.
- Era un hombre perfecto entre los hombres de su tiempo.
- Caminó con Dios.
- Era el único hombre justo delante de Dios en su generación.

Estudio Bíblico
¿Quién es Dios?, ¿Cómo es su naturaleza?

Lo primero que debemos saber es que Dios es Espíritu. Él no tiene un cuerpo físico. A veces le atribuimos a Dios cualidades antropomorfas, de "antropo", **hombre,** y "morfo", **forma**. El antropomorfismo es "la atribución de características humanas, a un ente, animal u objeto. En la Biblia frecuentemente se utiliza este enfoque antropomórfico, atribuyéndole a Dios cualidades físicas parecidas a las de los humanos, con el fin de que podamos entender mejor a Dios. Por ejemplo, Isaías 59.1 habla de la mano de Dios. Salmos 89.13 habla del brazo de Dios, de su mano, y de su diestra. 2 Crónicas 16.9, se nos habla de los ojos del Señor y en Mateo 4.4 Jesús habla de la boca de Dios. Sin embargo, ese uso frecuente del antropomorfismo no significa que Dios tenga un cuerpo físico, sino es solo para comprender mejor su carácter y sus acciones al verlo a través de una perspectiva que tenga sentido para nosotros.

Como Espíritu invisible a nuestros ojos humanos naturales, de acuerdo con Timoteo 1:17 y Colosenses 1:15, Dios es un ser activo y vivo. Josué 3:10, Salmo 84:2. Dios es infinito, y es además ilimitado por cualquier dimensión de tiempo y espacio. Dios no es un ser creado sino un ser autoexistente y es el poder que creó a todos los demás seres y al universo entero. En Éxodo 3:14 él se aparece a Moisés y se le describe de la siguiente manera: "YO SOY EL QUE SOY". Puesto que Dios es espíritu, Él está con nosotros en todo momento y está consciente de nuestro camino. El rey David escribió lo siguiente acerca de Dios: "¿Adónde me iré de tu Espíritu? ¿Y dónde huiré de tu presencia? Si subiera a los cielos, allí estás tú; si en el sepulcro hiciera mi lecho, también estás allí. Si tomara las alas del alba, y habitara en el extremo del mar, aun allí me guiará tu mano, y me sostendrá tu diestra." (Salmo 139: 7-10)

En resumen, Dios es Espíritu. Él no tiene un cuerpo físico; por consiguiente, no puede ser comprobado científicamente o a través de la ciencia. Él es omnipresente. Juan 4:24

- Dios es el Creador del universo. Leer Génesis 1.1; Juan 1:3
- Dios produce frutos buenos en nuestra vida. Leer Gálatas 5: 22-23
- Él es libertad, y su mensaje también trae consigo la libertad. Leer 2 Corintios 3:17
- En Dios hay vida y paz. Léase Romanos 8.6
- Su Espíritu habita en el creyente. Leamos 1 Corintios 3:16

Oremos: Padre Eterno que mora en el cielo, ayúdanos a tener una sana comunión contigo, estudiando cada día tu bendita palabra, para poder entenderte, obedecerte y vivir en armonía contigo. En el nombre de tu Hijo amado Jesús te lo pedimos, Amén.

Estudio Bíblico
La Ley de Dios

La ley es una norma suprema que sirve para establecer orden y hacer justicia. La Ley sirve también para regular la conducta de los individuos en una sociedad cualquiera que sea. Dios se rige por su propia ley, la cual es justa. Salmo 19.7-10; Leer también Romanos 7:12.

Todos debemos de saber por qué es importante conocer y obedecer la Ley de Dios. La ley del Señor es la que permite que haya orden en la tierra. Si no existiera la Ley de Dios, todo fuera un caos. La Ley de Dios es la que ha dicho: No mates, No robes, No adulteres, No mientas, Amas a tu prójimo como a ti mismo, etc. Ahora bien, imaginemos una sociedad que no cumpla estos mandamientos, y donde la gente mate a quien quiera, robe, mienta y adultere deliberadamente, cuan triste sería, ¿verdad? Así que, no se puede vivir sin la Ley de Dios. Ella es imprescindible. A simple vista podemos ver cuán importante es que conozcamos la Ley de Dios, para no vivir en controversia con el Creador del universo. Más adelante vamos a contestar algunas preguntas muy importantes concernientes a la ley del Altísimo.

- ¿Qué nos dice el Salmo 1: 1-3 ?
- ¿Qué dice Dios de su Ley? Deuteronomio 6: 6-7
- ¿Por qué razón debemos obedecer la ley del Señor? Deuteronomio 30:16
- ¿Cuáles bendiciones tenemos cuando cumplimos su Ley? Josué 1:8; Deuteronomio 28:1
- ¿Qué bendición le otorga Dios a los que cumplen su pacto y temen su Justicia? Salmo 103: 17-18

Oremos: Amado Dios, te adoramos y te bendecimos, te damos gracias por enseñarnos tu ley y ordenarnos obedecerla. Permite que siempre la guardemos, en amor y fe, por la gracia de nuestro Señor y Salvador Jesucristo, honramos tu bendito nombre y nos sometemos a tu santa Ley. Amén

Estudio Bíblico
El Pecado.

Se conoce como pecado la transgresión voluntaria de la ley divina. Cuando de manera voluntaria violamos los preceptos divinos, sabiendo que lo que estamos haciendo le ofende a Dios, estamos pecando. El pecado es una ofensa a Dios, debido a que éste viola la ley del Altísimo y produce la ruptura de la relación entre Dios y el hombre. Una vez que hemos pecado podemos volver a estar en paz con Dios por medio de la confesión de nuestros pecados a Dios y del arrepentimiento, el cual significa un cambio de actitud en la mente y el corazón del pecador.

El pecado nos acarrea algunas consecuencias. Por ejemplo, el pecado nos aleja de Dios, nos trae remordimiento, aumenta nuestras dificultades en el camino de la vida debido a la falta de la presencia de Dios, nos acusa interiormente, hace que nos sintamos sucios e indignos de la salvación, entre otras cosas. Es necesario que busquemos la salvación de Dios y nos arrepintamos cuando hayamos caído en pecado. Recuerdas que todo aquello que ofende a Dios es pecado. El pecado nos roba la intimidad con Dios. La Biblia dice que el pecado es la transgresión de la ley. Entonces es evidente que los hijos de Dios no debemos practicar el pecado, dado que este nos aparta de Dios y roba nuestra comunión con él. Dice en 1 Juan 3:8 lo siguiente: “El que practica el pecado es del diablo; porque el diablo peca desde el principio. Para esto apareció el Hijo de Dios, para deshacer las obras del diablo.” Como podemos ver, el cristiano que ha nacido del Espíritu no debe practicar el pecado.

Con la Biblia en mano vamos a contestar algunas preguntas sobre el pecado, para aprender lo que la Palabra de Dios tiene que decirnos con relación al tema.

- ¿Qué dice la Biblia que es el pecado? Lee 1 Juan 3:4
- ¿Cuáles consecuencias nos trae el pecado? Lee Salmo 32:3
- ¿Cuáles otras consecuencias produce el pecado? Lee Isaías 1: 6-9

- ¿Qué mal tan grande les causa el pecado a los pecadores? Lee Romanos 6:23
- ¿Cuáles armas debemos portar para que el pecado no nos toque? Lee Efesios 6:11
- ¿Cuál solución debemos usar para limpiarnos del pecado? Lee 1 Juan 1:7

Oración: Dios Todopoderoso, te suplicamos humildemente que nos ayude a ser fieles a tu Palabra. Fortalécenos y danos la luz de tu Santo Espíritu para no pecar ni practicar el pecado. Limpia nuestra mente y todo lo que hagamos, en el nombre de Jesús. Amén.

Nos sentimos satisfechos de que estés aprendiendo de la Palabra de Dios, así que te animamos a seguir conociendo más sobre el tema del pecado y que continúe estudiando la Biblia. Esto traerá bendición espiritual a tu vida. ¡Continúa con el próximo estudio!

Estudio Bíblico
El perdón de los pecados

¿Qué es el perdón?

El perdón significa disculpar a otro por algo que se considera ofensa, renunciando a hacer venganza o reclamar para dicha persona un justo castigo. En griego, perdonar significa pasar por alto una ofensa.

Los pasos para obtener el perdón son los siguientes:

1- Reconocerse pecador. Eso significa darse cuenta de que se es un pecador o que se ha pecado. 1 Jn.1:8
2- Arrepentimiento sincero. Lucas 3:8; Hechos 3:19
3- Aceptar a Jesús como único salvador. Hechos. 4:12
4- Hacer confesión de la ofensa. Salmo 32:1-5; Proverbios 28:13. La confesión debe ser hecha a Dios 1 Jn. 1:9; Isaías 1:18
5- Conversión. 2 Crónicas 7:14; Hechos 3:19

-Cuando pecamos, pedimos perdón y nos arrepentimos, Dios nos perdona todos los pecados.

2 Crónicas 7:14.

¿Cómo nos perdona Dios?

- Te invitamos a leer Isaías 43:25.

  Puedes notar de qué manera nos perdona nuestro Padre amoroso. Él nos ama tanto que cuando nos perdona no se acuerda jamás de nuestros pecados. Hebreos 8:12

Y tú, cuando perdonas a alguien, ¿te olvidas de la ofensa o te sigues recordando todo el tiempo de lo que esa persona te hizo?

- **El perdón es gratuito**. No tenemos que pagar nada por él. Quien quiera cobrarte algo para que tú obtengas el perdón, te está engañando. Lee Romanos 3:24. El precio por nuestro perdón ya Cristo lo pagó.
- Cuando somos hijos de Dios después de haber aceptado a Jesucristo, somos hallados **justificados por medio de la fe.** Lea (Romanos 5:1, 6, 8, 9).
- Después de la justificación, con la ayuda de Dios hay que tratar de no pecar, tenemos que tratar de mantenernos sin caída. No debemos pecar voluntariamente. **Esto se llama santificación,** y se puede lograr cuando nos disponemos a crecer en el conocimiento de Dios. Lea Colosenses 1:10; (Hebreos 10:26-27).
- ¿Qué debes hacer? Todo lo que debes hacer para mantenerte firme después que has sido perdonado, es creer y obedecer a Jesús, guardando sus mandamientos. Lee Juan 5: 24

Estudio Bíblico
La Santa Biblia.

¿Qué es la Biblia?

La Biblia es el libro sagrado del cristianismo. Es también la revelación de Dios al hombre. Es considerada por los cristianos como la palabra de Dios. Se le conoce también como las Sagradas Escrituras. Es la joya más preciosa del pensamiento y la cultura occidental. La Biblia está compuesta por un conjunto de libros. Un total de 66 libros forman la Biblia. Escrita por unos cuarenta autores en un periodo aproximado de 1500 o 1600 años. Se divide en dos partes principales conocidas como El Antiguo Testamento y El Nuevo Testamento. El Antiguo Testamento se escribió antes de Cristo, y el Nuevo Testamento es la historia de Cristo y del cristianismo. La Biblia es un maravilloso regalo de Dios. Ella tiene información que no se encuentra en ningún otro lugar. Por ejemplo, nos dice que Dios creó los cielos y la Tierra, y que también creó al primer hombre y la primera mujer. La Biblia nos indica cómo salvarnos y además nos enseña cómo es Dios y su carácter y el modo de vida que él espera de nosotros. Puesto que la Biblia se ha traducido a casi 3,000 idiomas, y se han impreso miles de millones de ejemplares, y en el mundo el 90% de las personas pueden leer la Biblia en su lengua materna, mientras que cada semana se distribuyen más de un millón de ejemplares de esta. Es evidente que la Biblia es un libro único.

¿Qué dice la Biblia de sí misma?

- La Biblia es la fuente de la verdad. Juan 17:17
- La Biblia es inspirada por Dios. 2 Timoteo 3:16
- Hay que hablar de acuerdo con la Palabra. Isaías 8:20
- Tiene poder para transformar la vida. Lee Hebreo 4:12
- Hay que estudiarla y obedecerla. Isaías 28:13; Jn. 5:24,39, Juan 14:23

La Biblia contiene notables hechos científicos.

- Dice que el número de las estrellas es incalculable. Jeremías 33:22
- Expresa que la Tierra cuelga en el vacío. Job 26:7
- El aire tiene peso. Job 28:25
- El universo tuvo un inicio. Genesis 1.1
- Antes de crear el Sol la Tierra estaba en oscuridad. Genesis 1:2; 2 Corintios. 4:6
- La Tierra es redonda. Isaías 40:22

¿Qué debemos hacer?

- Leer la Biblia todos los días. Deut. 17:19
- Escudriñar las Escrituras. Juan 5:39
- Aceptar la Palabra de Dios con gozo. Jeremías 15:16
- Debemos practicar sus enseñanzas. Apocalipsis 1:3
- Obedecer lo que dice la Biblia. Lucas 11:27-28

Estudio Bíblico
La oración y la fe

En este estudio bíblico vamos a hablar acerca de la oración en la vida del creyente, y de la fe como un don de Dios que acompaña al cristiano y que debe ir unida a la oración. Todos sabemos que cuando tenemos algún problema los amigos son un alivio en nuestra vida. Ellos nos ayudan a llevar nuestros problemas y alivianar nuestra carga. Cuando en nuestra vida hay un conflicto moral, emocional, económico o espiritual, solemos hablar con nuestros amigos para que nos den un consejo o una palabras de aliento. Asimismo es la oración en nuestra vida, ella es un canal que nos permite comunicarnos con Dios nuestro mejor amigo, y exponerle a él nuestras crisis y necesidades. Es solo a través de la oración que hablamos con Dios. No hay otra vía de comunicación entre el hombre y Dios aparte de la oración. Solo con la oración hablamos con Dios y él nos escucha.

La oración es abrir nuestro corazón a Dios en sinceridad como lo hacemos con un buen amigo. Jesús era una persona de oración. Moisés, Daniel, Jeremías, Ezequiel, Elías, Eliseo, Pablo, Pedro, Juan y todos los demás apóstoles eran personas fervientes en la oración y en la fe. Todos los profetas y patriarcas del Antiguo Testamento eran personas de oración, y La Biblia nos insta a orar en todo tiempo. La oración es una arma poderosa para echar fuera demonios y para que el enemigo huya de nuestro lado. Así que: conviene orar insistentemente, (Lucas 18:1; Romanos 12:12) Debemos orar tres veces al día (Daniel 6:10). Se debe tener un espíritu constante de oración. (1 Tesalonicenses 5:17).

Cosas por las cuales debemos orar:

- Por agradecimiento. (Filipenses 4:6)
- Pedidos diversos. (Santiago 1:5; Jn.15:7)
- Confesión de pecados. (Daniel 6:10; Salmos 32:3-6).
- Por las necesidades ajenas. (Job 42:10).

Para que Dios conteste nuestras oraciones hay que:

- Pedir con fe. (Mateo 21:22)
- Pedir bien. (Santiago 4:3).
- Pedir conforme a la voluntad de Dios. (Lucas 22:41).
- Ser perseverantes en la oración. (Lucas 18:1)
- Guardar los mandamientos. (1 Jn. 3:22).

Hay diferentes clases de oración: La oración pública, la cual trata asuntos colectivos, la oración familiar, en la cual se ora a Dios por las necesidades de la familia en general, la oración por los alimentos, en esta damos gracias a Dios por ellos y pedimos su bendición. También existe la oración privada, la que cada uno de manera individual hace en silencio. Hay oración de gracias y oración de intercesión.

En la oración de gracias le agradecemos a Dios por algo que nos ha concedido mientras que en la oración de intercesión oramos para que Dios interceda por alguien que está pasando por una situación muy difícil. Dios siempre promete contestar nuestras oraciones, pero debemos pedir de acuerdo con su Palabra. No nos olvidemos que la oración debe ser la vida del cristiano.

Oremos: Nuestro Padre Celestial, gracias te damos por darnos el entendimiento para comprender tu Palabra. Fortalece nuestro espíritu de oración y aumenta nuestra fe para que vivamos una vida victoriosa y podamos vencer toda tentación. En Jesús te lo pedimos. Amén.

Estudio Bíblico
La salvación

¿Qué es la Salvación?

La salvación es la liberación de un sufrimiento o de un peligro. De ahí que cuando Dios libra a uno del castigo y de la muerte, decimos que Dios nos salvó. La palabra salvación contiene la idea de victoria y de liberación física. Sin embargo, casi siempre que la Biblia usa la palabra salvación se refiere a una eterna liberación espiritual. En otras palabras, la salvación es la liberación, por la gracia de Dios, del castigo eterno del pecado, que Dios les concede a todos aquellos que reconocen su condición de pecador y su necesidad de arrepentimiento, al poner toda su fe en el Señor Jesucristo.

¿A través de quién se obtiene la salvación?

Es necesario saber que la salvación se obtiene solo a través de Jesucristo. Dios le otorgó a su hijo Jesús el privilegio de ser el único autorizado para salvar a la humanidad. Así que no te dejes confundir si alguien te presenta a otro salvador. Sólo en el Redentor Cristo Jesús hay redención y perdón de pecados. Vamos a leer lo que nos dice la Biblia en Juan 14:6 y Hechos 4:12

¿De qué somos salvos?

Somos salvos del juicio de Dios por el pecado, y de su ira. Lea (Romanos 5:9 y 1Tesalonicenses 5:9) Dado que nuestro pecado nos separa de Dios, y la consecuencia del pecado produce muerte. Veamos lo que nos dice (Romanos 6:23)

¿Quién realiza la salvación?

Solamente Dios puede borrar nuestro pecado y librarnos del castigo de este. Ver (2 Timoteo 1:9). Lea también (Tito 3:5).

¿Cómo salva Dios?

Dios nos ha rescatado a través de Cristo. Veamos lo que nos dice (Juan 3:17). El hecho más trascendente para nuestra salvación fue la muerte de Jesús en la cruz y su resurrección. Lea (Romanos 5:10, y Efesios 1:7). Según Efesios 2: 5-8 la salvación es un gesto de amor por parte de Dios para nosotros, que se encuentra disponible solo a través de la fe en Jesucristo, y que Dios nos la da sin nosotros merecerla.

¿Cómo recibimos la salvación?

Nosotros los seres humanos somos salvos por la fe. La salvación viene a nosotros cuando oímos el evangelio el cual es las buenas nuevas sobre la muerte y resurrección de Jesucristo. Lee (Efesios 1:13). Después, el segundo paso es creer y confiar totalmente en el Señor Jesucristo, (Vea lo que dice Romanos 1:16). Creer incluye además el arrepentimiento, el cual es un cambio de mentalidad acerca del pecado y de la persona de Cristo. Lea (Hechos 3:19), y el confesar el nombre del Señor como nuestro único Salvador. Aquí voy a compartir contigo unos versículos de la Biblia que debes leer y aceptar en tu corazón para que puedas ser salvo o salva. (Romanos 10: 9-10).

Oración: Amado Dios, santificado sea tu nombre. Gracias por el regalo de la salvación que tú nos da sin nosotros merecerlo. Ayúdanos a compartir las buenas nuevas de tu palabra con otras personas para que también ellos alcancen la salvación y sean rescatados de las garras del enemigo. Gracias te damos, en el nombre de Jesús. Amen.

Estudio Bíblico
El Bautismo

¿Qué es el bautismo?

La palabra bautismo es de origen griego, y en ese idioma dicho vocablo significa **sumergir** o **hundir**. El bautismo es un acto o sacramento instituido en la Escritura y es necesario para vivir la nueva vida en Cristo una vez que estamos en el camino de la salvación. El bautismo se considera un complemento para ser salvo, pero no es la salvación en sí, aunque el bautismo está diseminado a través de toda la Escritura y forma parte de la doctrina cristiana, el primer requisito para ser salvo es creer. Eso es lo que dice Jesús en Marcos 16:16 "El que creyere y fuere bautizado, será salvo; mas el que no creyere, será condenado". Recordemos que Juan el Bautista bautizaba en el rio Jordán y también Jesús se sometió al bautismo, pero debemos resaltar que la Biblia es clara en cuanto a que la salvación es por gracia, a través de la fe en Jesucristo, no por obra alguna, incluyendo el bautismo. Leamos Efesios 2:8-9. El bautismo es símbolo de que morimos a una vida de incredulidad y que nacemos a una nueva experiencia en Cristo. A través del bautismo también hacemos un recordatorio de la muerte y resurrección de Jesucristo. (Romanos 6:3,4)

¿Cómo debe realizarse el bautismo? ¿Cuál es la forma correcta?

El bautismo debe hacerse por inmersión y no por aspersión o infusión. La forma bíblica del bautismo es sumergir a la persona bajo el agua. Es incorrecta la forma de bautizar rociándole agua a la persona, a lo que se conoce como aspersión. La persona se puede bautizar en un rio o en un estanque o pileta con bastante agua que sea suficiente para tapar el cuerpo completo de la persona cuando se le acueste dentro del agua. (En la Biblia siempre se usa un rio para bautizar). Se debe cubrir enteramente a la persona con agua. Por eso el significado originar de la palabra bautismo es 'sumergir' o 'hundir'. Véase Mateo 3:16, Juan 3:23, Hechos 8:38

¿Quiénes pueden ser bautizados?

No todos pueden ser bautizados, solo aquellos que cumplan los requisitos deben ser bautizados: Que crea en el Señor Jesús, (Hechos 8:36-38), arrepentirse de todos sus pecados (Hechos 2:38), confesar los pecados (Proverbios 28:13), conocer la doctrina cristiana (Mateo 28:20), practicar la doctrina (Mateo 7:21), pedir el santo bautismo (Hechos 8:36). Observando estas condiciones que debe tener quien se bautiza queda claro que no se debe bautizar a niños pequeños, pero puede hacerlo un menor que entienda bien la doctrina.

Cuando el bautismo se efectúa con sinceridad, es un ejemplo de testimonio público de que hemos renunciado a la vida pecaminosa pasada, y del nacimiento a una nueva vida en Cristo. A partir del momento cuando nos bautizamos se espera que comencemos a crecer en la vida cristiana, a profundizar en el conocimiento de la palabra de Dios, a trabajar en la obra de nuestro Padre celestial y a dar buenos frutos, aumentando cada día nuestra fe y con la mirada puesta en las hermosas promesas de salvación y vida eterna que Dios ha preparado para todos aquellos que con un corazón sincero le buscan en espíritu y en verdad. Entonces nos convertimos ya en un cristiano con todo el peso y la autoridad de la palabra de Dios.

Estudio bíblico
La vida cristiana

¿Qué es la vida cristiana?

La vida cristiana es el nuevo estado espiritual que experimentamos cuando pasamos de muerte a vida al entregarnos al Señor y unirnos con su iglesia. Esta nueva vida produce cambios en nuestra conducta, en nuestro carácter y en nuestros ideales. La vida cristiana se manifiesta en el hogar, en la iglesia, en la escuela y en el lugar de trabajo. La vida cristiana es un cambio que experimentamos en el hogar, en la sociedad y en el aspecto espiritual. La vida cristiana debe ser una vida vivida por fe. Solo por fe entramos a la vida cristiana. Gálatas 3:11, Vea también lo que dice la Biblia en el libro a los Romanos, capitulo 1:17. La vida cristiana nos invita a morir a sí mismos para vivir conforme a la fe. Observemos lo que dijo Pablo a los Gálatas: "Con Cristo estoy juntamente crucificado, y ya no vivo yo, mas vive Cristo en mí; y lo que ahora vivo en la carne, lo vivo en la fe del Hijo de Dios, el cual me amó y se entregó a sí mismo por mí". (Gálatas 2:20). De acuerdo con lo que establece la Biblia, cuando uno está en Cristo es una nueva criatura. (2 Corintios 5: 17).

Cuando hemos nacido de nuevo al entregar nuestra vida a Dios y vivir conforme con su palabra, en el hogar se nota este cambio. Habrá respeto entre los cónyuges, la esposa y el esposo se darán amor mutuamente y se tratarán con respeto mutuo, comprensión y amor. Podemos echar un vistazo a Efesios 5:22-29. En esta nueva vida la educación de los hijos será diferente a como los educábamos anteriormente. (Efesios 6:4).

En el ámbito social nuestros amigos notarán un cambio de conducta excepcional en nosotros una vez que experimentamos la nueva vida en Cristo y llevamos a cabo la vida cristiana, debe haber en nosotros un cambio de vocabulario el cual refleje lo que ya somos en Cristo. Tenemos que ser honestos y educados y hablar con paz y amor. En la vida cristiana hay que hablar sin odio y sin violencia, hay que dejar las palabras negativas a un lado, juzgar a los demás y rechazar a nuestros semejantes debemos reemplazarlo por el lenguaje constructivo y el escuchar las necesidades de los demás. Asimismo cada persona que ha tenido la oportunidad de vivir esta nueva vida debe tener hábito de trabajo, para no vivir del cuento ni ser una carga para los demás. Asimismo se debe respetar a las autoridades y no ser una persona rebelde ni irrespetuosa de dichas autoridades ni de las leyes establecidas. Leer Mateo 5:37; Mateo 7:12; Colosenses 4:6

Nuestras autoridades merecen nuestro respeto y obediencia. (1 Pedro 2: 13,14), véase también (Romanos 13: 1-3). Dios está sobre todo. (Hechos 5:29).

En lo que se refiere a la vida espiritual, la persona que ha tenido una nueva vida en Cristo debe:

- Congregarse siempre para adorar al Todopoderoso junto a los demás redimidos. (1 Pedro 1:22)
- Estudiar asiduamente la Palabra de Dios para crecer espiritualmente. (1 Pedro 2:2).
- Involucrarse activamente en la obra misionera y la predicación de la Palabra. (Marcos 16:14-18).
- Ser bendición para el mundo. (Mateo 5:14).

Estudio Bíblico
Las luchas del creyente

No queremos que ninguna persona creyente se confunda o piense que una vez que eres un hijo de Dios ya se acabaron los problemas. Hay religiones que solo predican un mensaje de prosperidad y de liberación de contratiempos. Sin embargo, la realidad es otra muy diferente a lo que predican estas religiones. Una enseñanza bíblica o basada en la Sagrada Escritura siempre mostrará al mundo una doctrina sana y conforme con la palabra de Dios. La Biblia nunca dice que una vez que aceptas a Cristo como tu Señor todas las cosas van a irte bien, sino que por el contrario, Jesús declaró lo siguiente: "Estas cosas os he hablado para que en mí tengáis paz. En el mundo tendréis aflicción, pero confiad, yo he vencido al mundo." (Juan 16:33). Como podemos ver, el mismo Señor dijo que en este mundo tendríamos problemas. Eso es lo que dice la Biblia. Pero él nos invita a que confiemos en su ayuda, porque si él ha vencido las dificultades del mundo también nos dará la solución de nuestros problemas. Dios estará siempre a nuestro lado cuando lleguen las dificultades a nuestra vida, de eso sí podemos estar seguros.

Cuando te conviertes en un hijo de Dios el diablo comienza a atacarte y desata la guerra espiritual contra ti. Esto es lógico porque el enemigo sabe que te has liberado de él, y quiere que tú dé marcha atrás. El diablo pondrá en ti ataques feroces, hará que tú pienses en tu vida pasada, tus amigos te invitarán a retroceder y volver a ser el mismo que era, es decir, a volver al pecado y a la vida que a Dios no le agrada. Es posible que tus compañeros ahora te desprecien o que digan que te volviste loco, o que te dejaste engañar de esas gentes cristianas. Todo eso el enemigo puede hacer, pero recuerdas que Jesús te dice que confíes porque él ha vencido y si tú permaneces unido a Cristo, tú vas a lograr la victoria. (Lee 1 Pedro 5:8-10).

Pues bien, cuando alguien va a enfrentarse a una guerra lo primero que hace es armarse bien y protegerse. La Biblia nos habla de algunas armas que son poderosas para derrotar al enemigo. Lee los siguientes versículos y descúbrelas.

1 Timoteo 6:11. ¿Cuáles armas encontramos ahí?

- ¿Qué nos ayudará a ganar la batalla? Lee Hebreos 4:12.
- ¿Qué otras armas tenemos para vencer? Lee Santiago 5:16.
- ¿Con cuáles armas espirituales poderosas nos equipa la Palabra de Dios? Lee Efesios 6:11-18.
- ¿Qué seguridad nos da Dios? Leer 1 Corintios 10:13.
- ¿Cuál es la clave para vencer a Satanás? Lee Santiago 4:7.
- ¿Cómo Dios premia a los que lo aman? Lee Romanos 8:28
- ¿Cuál será el premio que Dios nos dará por haber luchado y vencido? Lee 2 Timoteo 4:7,8.

Estudio Bíblico
El amor en la vida de los creyentes.

Quiero comenzar este estudio sobre el amor del cristiano con unas palabras Bíblicas dichas por el apóstol Juan, las cuales dicen de la siguiente manera: "El que no ama no conoce a Dios, porque Dios es amor." El apóstol da una definición del amor tan elegante y culta que es digna de reflexión. Considero que no debe de haber ni un solo cristiano que no ame a su hermano. Nuestro maestro nos ha enseñado ampliamente a amar y nos ha mostrado lo importante que es amar a nuestros semejantes. En el Evangelio de Juan, capítulo 13 versículos 34-35 Jesús les dice a sus discípulos estas palabras: "Un mandamiento nuevo os doy, que os améis unos a otros. Que os améis así como yo os he amado. En esto conocerán todos que sois mis discípulos, si os amáis unos a otros." Podemos notar claramente que la Biblia entera es una enciclopedia de amor. Este amor no solo adorna las páginas dela Biblia sino que está ahí para enriquecer nuestra vida espiritual y enseñarnos que sin amor no podemos vivir. Tanto Jesús como sus discípulos hablaban con amor, lo enseñaban y lo practicaban en su vida diaria. Así vemos a Pablo dedicándonos el poema del amor en 1 Corintios Capítulo 13. Juan por su parte lo resume de manera más sencilla cuando dice que el que no ama no conoce a Dios porque Dios es amor. (1 Juan 4:8).

Lee Juan 3:16. ¿Qué muestra de amor sublime vemos ahí?

1Juan 3:14-18,23. Según estos versículos, ¿Cómo sabemos que hemos pasado de muerte a vida?

¿Qué le pasa al que no ama a su hermano? Verso 15.

¿Qué hecho maravilloso nos ha hecho conocer el amor? Verso 16.

¿Qué dice 1 Juan 4:9? ¿Cómo se manifestó el amor de Dios hacia nosotros?

Según 1 Juan 4:19, ¿Por qué nosotros amamos a Dios?

¿Debe el cristiano perdonar a quien le ofende?

Lee la historia de los dos deudores que se encuentra en el libro de Mateo, capítulo 18: 21-35.

¿Qué enseñanza aprendimos aquí?

¿Podemos decir que tiene amor el que no quiere perdonar a su prójimo?

En el versículo 35 de este pasaje, qué dice que le pasará al que no perdona de todo corazón a su hermano?

¿Y nosotros, estamos preparados espiritualmente para perdonar a los que nos ofendan y nos hagan daño?

Oremos: Amado Dios, en este día te pedimos que tú nos ayude a amar a nuestros enemigos, a las personas que nos hieren y nos causan daño físico y emocional, a los que nos insultan y calumnian, a los que nos engañan y traicionan, a los que hablan mal de nosotros, a los que dañan nuestra reputación, a aquellos que nos causan sufrimiento y decepción. Ayúdanos Padre amado a perdonar, así como el Maestro Jesús Perdona a los pecadores. Te lo pedimos en el nombre de Jesús. Amén.

Estudio Bíblico
La muerte

¿Qué es la muerte?

Es importante aclarar que para millones de personas en el mundo el tema de la muerte les causa pánico. Hay gentes que sienten mucho miedo cuando se les habla de la muerte. Algunas ni siquiera les gusta que se le hable de este tema. Sin embargo, para los que estamos en Cristo la muerte no nos aterroriza. Los seguidores de Jesús sabemos que la muerte no tiene poder sobre nosotros porque Jesús le retiró el poder que ella tenía, cuando el resucitó. Ahora vemos a la muerte sin pavor ni temblor, sino como un sueño. La muerte para nosotros que creemos en Dios es solo el paso a la vida. Ya la muerte no se enseñorea más de nosotros. Jesús comparó la muerte con un sueño. (Lea Juan 11:11-13).

Biológicamente, la muerte es cesación total de la vida. Cuando uno muere el cuerpo deja de funcionar. Todos los signos de vida se detienen y el cuerpo entra en un estado de descomposición hasta que nos convertimos en polvo, pero el espíritu vuelve a Dios que lo dio. Con la muerte terminan nuestros pensamientos (Salmo 146:4). La causa real de la muerte es el pecado. Si Adán y Eva no hubiesen pecado nosotros no muriéramos. La muerte entró por causa del pecado. Por consiguiente, el hombre es por naturaleza mortal. Después de la resurrección Dios nos dará un cuerpo inmortal, ya no tendremos que morir otra vez. Este privilegio de llegar a ser inmortales podemos tenerlo con el solo hecho de convertirnos al Señor Jesucristo y arrepentirnos de nuestros pecados.

- Cristo promete darnos vida eterna. (Juan 10:28).
- Cristo destruye la muerte y coloca en su lugar la vida (2 Timoteo 1:10).
- Jesús tiene las llaves del infierno y de la muerte. (Apocalipsis 1:18)
- Tenemos una gran esperanza todos los que somos de Jesús. Existe la resurrección. En la Biblia se habla de ella en varios

lugares y Jesús aseguró que resucitaría a todos aquellos que creyeran en él. Vamos a leer lo que nos dice (Juan 6:40). ¿Qué nos dice la Biblia acerca de la resurrección en el libro de Isaías 26:19? Lea también 1 Tesalonicenses 4:16.

- Cuando resucitemos habrá una transformación: Poseeremos un nuevo cuerpo, con una nueva mente y diferente personalidad. Veamos lo que nos dice la Biblia en Filipenses 3:20-21.
- ¿Qué nos dice con relación al tema de la resurrección 1 Corintios 15:42-44; 51-56
- Después de morir y haber resucitado, ya no habrá más muerte. Leer Isaías 25:8, lea también Lucas 20:36.

Esperamos que el tema de la muerte haya sido para ti de fortaleza y no de miedo, al saber que la muerte cuando somos cristianos es solo un sueño que nos abre el camino a la resurrección. Pero no será así para los que han despreciado al Señor Jesucristo. Ellos sufrirán la muerte eterna. Te invitamos venir a Cristo Jesús y ser salvo. Que el Eterno Dios de Israel te bendiga y te guarde.

Los diez mandamientos

Los diez mandamientos se encuentran en la Biblia, en el libro del Éxodo 20:3-17 y dicen de la siguiente manera:

I. No tendrás dioses ajenos.
II. No te harás imágenes, no las honrarás ni les rendirás culto.
III. No tomarás el nombre de Jehová tu Dios en vano.
IV. Reposo harás en sábado.
V. Honra a tu padre y a tu madre.
VI. No matarás.
VII. No cometerás adulterio.
VIII. No hurtarás.
IX. No dirás falso testimonio contra tu prójimo.
X. No codiciarás.

Estos son los mandamientos que Dios le dio al pueblo de Israel y al mundo para que los guardemos y obedezcamos. Debemos enseñarlos a nuestros hijos para que conozcan que Dios tiene mandamientos que deben ser obedecidos de generación en generación y que son para bendición de la humanidad.

Printed in the United States
By Bookmasters